Gstanzln &
Schnaderhüpfln

Gstanzln & Schnaderhüpfln

1.111 Vierzeiler aus dem Alpenraum, gesucht und gefunden von Martin Reiter

A&M

Sonderausgabe für A&M Andreas & Dr. Müller, Salzburg

Satz, Gestaltung und Lithos:
PROLOGO Werbeagentur GmbH Innsbruck
Druck und Bindung: Druckerei Theiss GmbH,
A-9431 St. Stefan im Lavanttal
Printed in Austria

ISBN 3-902397-40-3

*2007 2006 2005 2004
Die letzte Jahreszahl gibt die aktuelle Lizenzausgabe an.

Zuerst lesen, dann singen!

Vorwiegend werden die in diesem Buch gesammelten Vierzeiler als Schnaderhüpfln oder Gstanzln bezeichnet. Man nennt sie je nach Landschaft aber auch Schanderhaggen, Stückl, Schleifer, Possen-, Trutz- und Spitzliedln, Haarbrecher-Gsangln, Plopper- oder Plepper(lieder) und Schwatzliedln, Flausen und Schmetterliedln, G'setzln, Basseln, Vierzeilige, Kurschza Liadlan, bei den Alemannen und Schwaben Schelmeliedle, chorze (kurze) Liedle, Rappeditzle (vom französischen rapetissé, das heißt verkürzt), im Cobur-

gischen Schlumperliedla, im Vogtland Rundâs usw.
Gemeint sind mit all diesen Namen jene bekannten, gereimten und gesungenen Improvisationen, die als Ausdruck heiterer und ernster Vorgänge, Gemütsstimmungen und Lebensanschauungen verwendet werden. Ebenso verschieden wie die Bezeichnungen sind auch die Melodien, mit denen sie gesungen werden.
Die Heimat der Schnaderhüpfln ist das bayrisch-österreichische Grenzgebiet (Südbayern, Tirol, Salzburg, Oberösterreich-Innkreis). Das Schnaderhüpfl ist westwärts bis in die mittlere Schweiz, Schwaben und ins Elsaß, nordwärts bis nach Thüringen, Obersachsen und Schlesien vorgedrungen. Einzelne sind bis nach Dessau verflogen und von schwäbischen Kolonisten und Zillertaler Auswanderern sogar nach Ostpreußen und Schlesien (Riesengebirge) gebracht worden.
Ein echtes Schnaderhüpfl besteht aus einem einzigen Vierzeiler von acht Hebungen und stellt in einer einzigen Strophe ein Ganzes dar. Es wird in Dur gesungen, auch heute noch vielfach aus dem Stegreif gedichtet, und zwar in der jeweiligen Mundart. Aus diesem Grund finden sich in diesem Buch auch die verschiedensten Schreibweisen, da die jeweiligen Gstanzln aus unzähligen Gebieten und somit Mundartkreisen stammen. Sozusagen als „Trumpf" wird manchmal dem Gstanzln ein Juchzer

oder Jodler draufgesetzt. Es ist wohl das echteste aller Volkslieder und fast das einzige, das noch immer neu geschaffen wird.
Schon aus dem zwölften Jahrhundert ist ein schnaderhüpflartiges, nur um zwei Zeilen erweitertes Liebesliedchen in einem Brief Wernhers von Tegernsee zu finden, das folgendermaßen lautet:

Dû bist mîn, ich bin dîn
Des solt dû gewis sîn
Dû bist beslozzen
In mînem herzen:
Verlorn ist das slüzzelîn:
Dû muost immer drinne sîn.

Im 19. Jahrhundert führte man vorerst diese Liedchen auf die ehemals üblichen Schnittertänze und Schnitterhupfe zurück, wodurch sie auch als „Schnitterhüpflein“ bezeichnet wurden. Höfer schrieb: „Das Schnitterhüpflein, ein kurzes, leichtfertiges Gesänglein, wie die Schnitter und Winzer, bei Einsammlung der Früchte, oft zu singen und zu hüpfen pflegen.“ Dr. F. Hofmann schrieb hingegen in seiner „Rundschau über die Schnaderhüpfelliteratur“: „Das Schnaderhüpfl ist nicht von ‚Schnitter‘ abzuleiten, sondern von Schnattern, ‚Schnada‘, ‚Schnoda‘, analog dem Kärntner ‚Pleppaliedla‘ und auch dem ‚Schlumperlied‘, denn es ist ein Gesangsstückchen, das nicht mit der Gemessenheit, Aufmerksamkeit, ja fast Andacht vorgetragen wird, wie man ein ‚Lied‘ singt, sondern das man mit einer Tanzweise oder gar zum Tanz herschnattert, herplappert oder herunterschlumpert." Hofmanns Erklärung hat in der Tat etwas für sich, wenn man bedenkt, daß das Volk zur damaligen Zeit keine Arbeitslieder kannte und weder Mäher-, Schäfer-, noch Schnitterlieder sang, sondern gerade dann, wenn es am wenigsten arbeitete, das heißt zur Musezeit, an Feiertagen, in geselliger Runde und am Wirtshaustisch. 1871 schrieb Ludwig Steub in seinem Werk „Drei Sommer in Tirol": „In Tirol findet das kecke Schnaderhüpfl nur noch im Zillerthal, im Unterinnthal und Pusterthal sein ehrliches Fortkommen; die meisten Thäler der Grafschaft sind so liederlos und gesangarm, als irgend eine Gegend in Deutschland." Im „Tirolischen Idiotikon" schrieb J. B. Schöpf 1866: „Das Etschland und Ob. Innthal kennt es nicht; nur findet es sich (ausser dem Unt. Innthale) noch hie und da im Oetzthale, in Paznaun, im Pusterthale, Passeier und Ulten ... Uebrigens stimmen sehr viele der tirolischen Schn. mit jenen von Ob. Oesterr., Baiern, Steiermark etc. völlig überein." Schöpf nennt in seinem Werk die Bezeichnungen „schnaderhüpf'l" und „schnade'haggn".

Der Schwazer Landrichter Johann Strolz veröffentlichte 1807 im „Sammler für Geschichte und Statistik von Tirol, II. Band" erstmals eine ausführliche Arbeit über die Gstanzln. Er hat sich vor allem im Zillertaler und Unterinntaler Raum als Sammler betätigt.

Über die Entstehung der Schnaderhüpfl gibt es keine Nachrichten, an Gelegenheiten dazu fehlte es aber weder damals noch heute. Ob beim Fensterln, bei Hochzeiten und Kirchtagen – überall bringt man teils ganze Berge dieser „Kinder des Augenblicks" zur Welt. Der Phantasie sind dabei keine Grenzen gesetzt. Meist sind und waren es Burschen und Männer, die diesen Stegreifgesang pfleg(t)en und als Ausdruck ihres übermütigen Kraftbewußtseins, des herausfordernden Witzes, ihrer Lebens- und Liebeslust, ihrer Spott- und Necksucht verwende(te)n.
Wie bei guten Erzählern gibt es auch hier Sänger, deren Vierzeiler oftmals gar nie zu versiegen scheinen. Wie bei einer Quelle sprudeln die Gstanzln hervor und der Vortragende wird durch das Gelächter und den Applaus seiner Zuhörer immer mehr angetrieben.
Wenn es in den Liedeln um die „Weiberleut" geht, dann kann es mitunter zu gar lustigen „Streitgsangln" kommen, bei denen es schon vielen Mädchen gelungen ist, ihren spottenden Widerpart meisterlich abzutrumpfen und beschämt heimzuschicken.
Einen willkommenen Anlaß, Schnaderhüpfl zu singen, boten früher das Fensterln oder Gasslgehn, bei dem die Burschen in der Nacht ihre Geliebte aufsuchten. Dabei bildete meist ein längerer oder kürzerer Wechselgesang zwischen

Mädchen und Bursch das „Vorspiel". Davon hing die Aufnahme oder Abweisung des Besuchers ab.
Das Verhältnis der Geschlechter zueinander liefert mit seinem Brennpunkt – der Liebe – den Hauptstoff dieser Liedgattung. Von der ersten schüchternen Annäherung, durch alle Zwischenstadien des Hoffens und Zweifelns, des Schmollens und der Eifersucht, der Erhörung und des Genusses, der Heirat und dem Kinderkriegen bis zum Schlußkapitel des Scheidens und Meidens. Einmal derb und hart, ein anderes mal zart und innig, wie man es gar nicht für möglich halten würde.
Dem „feineren" Ohr erscheinen die Vierzeiler jedoch meist herb und unvermittelt. So ist es nicht verwunderlich, wenn in diesem Buch – achtend auf die weiten Kreise, in denen es Platz finden soll – auf manche reizende „Pikanterie und Urwüchsigkeit" bewußt verzichtet oder zumindest abgeschwächt wurde. Trotzdem wird man sich dem Vorwurf der Prüderie wohl nicht aussetzen müssen.
Während im „Liebesleben" mehr die Gemütsseite des Volkes zu Tage tritt, finden sich in unzähligen Schnaderhüpfln satirische Anlagen und gesunder Mutterwitz. Bester Nährboden für diese „Stacheldrähte der Volkspoesie" (Possen- und Trutzliedl) sind nach wie vor gesellige Runden. Dort kommt es zum musikalischen Wettstreit der

besten Reimer, umjubelt vom Beifall und Gelächter der Tischgenossen. Hier werden alle merkwürdigen und lächerlichen Vorfälle in der Gemeinde in treffenden Spottversen verraten. Von mißglückten Liebesabenteuern, über die Schwächen der Mädchen, den Auseinandersetzungen zwischen Jägern und Wilderern, dem freien Almleben bis zu den wahren oder erfundenen Querelen der Nachbargemeinden. Letztere musikalische Sticheleien endeten nicht selten mit Raufereien, bei denen Maultrommel, Zither oder Hackbrett mit Schlagring und Stöcken vertauscht wurden. Vorbei aber sind längst die Zeiten, in denen lustige Tanzmusik die Beine der Burschen und Mädchen in Bewegung brachte und Wein oder Bier ihre Zungen lösten.
In verschiedenen Orten wird aber auch heute noch für Hochzeiten fleißig gedichtet, um zur Mitternachtsstunde die einstigen „Schandtaten" der Brautleute in Versform musikalisch darzubieten. Dieses „Absingen" ist vorwiegend noch im Unterinntal üblich.
Ursprünglich verdanken die Vierzeiler, wie schon der Name „Schnaderhüpfl" und der lebhafte Rhythmus beweisen, ihre Entstehung dem Tanzboden. Denn Tanz und Gesang gehörten unzertrennlich zusammen. Bevor ein Tänzer den Reigen begann, trat er mit seinem Schatz zum Tisch der Spielleute, warf ihnen ein Geldstück hin

und „frümte sich den Tanz an". Das heißt, er sang nach selbstgewählter Melodie einen Vierzeiler, der von der Musik begleitet wurde. Es folgte ein Landler, Bairischer, Schuhplattler oder Hosenlatterer. Als Melodiebeispiele wurden in diesem Buche jene von Ludwig v. Hörmann übernommen, da sie den einfachsten Typus darstellen, der geeignet ist, populär zu werden, und ausschließlich die typische Singform charakterisiert. Johann Strolz hingegen war der Meinung, daß seine sieben Melodien, „nach welchen die Schnodahaggen gesungen zu werden pflegen", einige der „gewöhnlichsten" seien. Sie übertreffen aber durch ihre großartigen Entfaltungen im Tonraum alles, was danach von derartigen „Liedchen satirischen Inhalts" aufgezeichnet werden konnte.
Daß es sich bei dieser Gstanzlsammlung lediglich um einen Bruchteil des tatsächlich verwendeten Volksgutes handelt, ist dem Autor bewußt. Er wäre unmöglich in einem solchen Büchl alles unterzubringen, denn fast täglich kommen ja abgeänderte oder gar neue Gstanzln hinzu. In diesem Sinne wünsche ich viel Spaß und frohe Stunden beim Gstanzlsingen in geselliger Runde. Übrigens: Sollten Sie die Gstanzln nachzählen und dabei auf mehr als 1.111 kommen, dann sehen sie die zusätzlichen als „Zugabe" an, sollten sich einige wiederholen, bitte ich um Nachsicht, denn bei 1.111 Gstanzln habe ich leider den Überblick verloren. *Martin Reiter*

7 *Singvorschläge*
nach Ludwig von Hörmann

Bin a lustiger Bua, bin a
Kärntner Lei-Lei, dri o di
äh, dri o di äh. Wo a
schöns Madel is, is a
Kärntner da – bei, dri o di
äh, dri o di äh.

Geh i zum Dirndl, so
richt i mi z'samm, richt i mi
z'samm, richt i mi z'samm, und an
Juchezer muß i zum
Vorreiter ham, Vorreiter
ham, hul di öh.

Schön ist er nix der Bua,
grad so viel fein,
Schneid hat er saggrisch g'nua',
mein muß er sein.

Der Türk und der Ruß die zwoa
gehn mi nix an. Dridl jo,
dridl jo, dri o di äh. Wenn
i nur mit der Gretl koan
Kriegshandl han. Dridl jo,
dridl jo di äh.

Gelt du Schwarzaugeti,
gelt für di' tauget i,
gelt, für di' wär' i recht,
wenn i di' möcht'.

Hei lustig, hei ledig, i
geh in koa Predigt, i
geh in koa Amt und wer'
decht nit verdammt.

Wer hat die schön Gstanzln gmacht?
Bauernbuam bei da Nacht –
Bauernbuam bei der Nacht,
die hams aufbracht.

Hat oana oans gsunga,
dös hat sie nit greimt
dann hab i eahm die Zung
aufn Arsch aufigleimt.

Mitn Schnadahüpfisinga
da könnts mit nit kriagn,
i laß enks glei fuderweis
aufn Heiwagn herführn.

Die Zitha liegt aufn Tisch
spielts nur gleich almerisch,
spielts nur und singts aa glei
Schnadahüpfei ...!

Ja wenn 's koane Gstanzln kennt,
so kafts ma oans a,
i hobs ja grad dutzendweis
im Hosnsack da.

Mitn Schnadahüpfisinga
kimmt mir gar koana zua,
i kann ja fünfhundert
und no oa dazua.

Auf der Alm ...

Auf d' Alm bin i gstiegn,
habs Deandl gfragt ums Liegn,
gar spöttla hats gredt:
sie hätt Fleach drein im Bett.

Auf d' Alm bin i ganga
und hab mi verspat't:
Wia i aba bin kemma,
hab'n die Mahder schon gmaht.

Schön hoch sind die Berge,
schön eben das Land,
und a almerisch Diandl
hat Holz bei der Wand.

Für an langweilign Knecht
is a Hoamdiandl recht,
doch a lustiger Bua
geht an Almdiandl zua.

Da ziag i mein Janker aus,
häng mir'n vors Gsicht,
i denk mir, am Buckl hint,
kennen s' mi nicht.

Hin über d' Schneid, her über d' Schneid,
is auf d Alm a nimma weit,
i habs schon in der Nasn drin:
Küah, Goaß und d' Sennerin.

Auf der Alm is der Brauch,
um a drei steht man auf,
das Hiatl auf der Seit
und die Schneid oben drauf.

Gar oft steig i auffi
zum Hoangascht zu ihr,
liabs Diandl dei Alm
die g'hört zu mein Revier.

Und in mein Revier
is a jede Gams mein
und es wird mit die Diandln
a nit anders wohl sein.

Drum tua ma nit z' damisch
und warst nu so wild,
weil es nutzt dir koa bissl,
und bist trotzdem verspielt.

Auf der Alm is koa Bleibn,
tuats bald regnen, bald schnei'n,
und bei der Hütt is koa Sein,
zieht der Wind aus und ein.

Auf der Alm da drinn,
is a Stier mit drei Augn,
und Buam, wenns euch wundert,
könnt 's einigehn schaun.

Die Sennrin auf der Alm,
die kocht sich a Muas,
und hat sie koan Löffl,
dann rührt s' mit dem Fuaß.

Pfiat di Gott, liabe Alma,
pfiat di Gott, mei liabs Haus,
pfiat di Gott, mei liabs Diandal,
mit der Liab is wieder aus.

A Gams auf der Wand
und a Punkt in der Scheibn
und a Diandl auf der Alm
is mei Tuan und mei Treibn.

Auf der Leg steht a Hüttal,
aufn Tret geahn die Küah,
aufn Sautrog liegts Schlüssal,
Bua, kimm einer zu mir!

Und 's Deandl auf da Alm
tuat an Juchezer, an halbn,
und an halb'n tuat der Bua,
wenn er hinkimmt dazua.

Auf der Alm, da gibts Kalb,
und weichslbraune Kiah,
hock di nit so gleim zuacha,
kinascht schwarz werdn von mir.

Die Sennrin auf der Alm,
is in d' Surgruabn einigfalln,
wia sie außer is gstiegn,
hat sie Abortwürmer gspiebm.

Hab a oanzigsmal gjuchzt
da drobn auf der Alm,
und jetzt hab i scho wieda
die Hebamm zum zahln.

Wannst a Sennrin willst liabn,
muaßt an Kuahdreck einschiabn,
daß d' a Ausweisung hast,
wanns di fragn um an Paß.

Vom Almrausch a Kranzl,
vom Edlweiß a Blüah,
a Sennrin auf der Alm,
dös verdriaßt mi halt nia.

Auf der Zireiner Alm
gehts gern lustig zua,
da wachst koa Betnockn auf
und koa trauriger Bua.

Lustig, mir Melcher,
mir Söchtarklockar,
wenn ban Diandl was fahlt,
semma selber Doktar.

Drobn auf der Alm
geht allweil der Wind
und bei meim Diandl woaß is scho
sie hats gern ganz gschwind.

Schean schnittig, schean schneidig,
senn mir her über d' Alm,
a Gwandl, a gschmeidigs,
aber a Mensch kriagn miar 's allm.

Und die Kiahlan ten grasn,
und der Hiater tuat blasn,
und die Sennrin, die singt,
wenn da Bua daherkimmt.

Auf der Alm gibts koa Trauer,
is der Himmel viel blauer,
tuat der Juchizer an Hall
bis zum Diandl ins Tal.

Im Junsberger Grabn
tuats nia läutn und schlagn,
und wenn 's doch amoi schlögg,
tuat der Wind alls vertragn.

Beim Diandl auf der Alm
gibts allweil an Spaß,
wenn der Vata im Tal is,
und d' Muatta nix woaß.

**D' Sennerin is grantig,
an was werd dös liegn?
De is heit beim Aufstehn
in an Kuahdreck einigstiegn.**

**Auf die Alm geh i nimma,
is a nit mei Glück,
der Bock is mir grintig woarn
und 's Diandl gar dick.**

**Auf d' Alma muaßt gehn,
auf der Alm is guat bleibn,
ada d' Sennerin kunnt leicht
dei Großmuatta sein.**

**Das almerisch Grasal
wachst außa ban Stoan,
und a almerisch Bua, der
woas allweil, was toan.**

**Die Katzn im Märzn
und d' Sennerin auf da Alm,
ham all dieselb Krankheit
und brauchn oa Salbn.**

**Ja, d' Madln senn nett,
wia z' Alm drobn die Küah,
wannst eahna nix gibst,
gehn s' wieda von dir.**

Wann ma wieder auf d' Heumahd gehn,
nehma ma's Bettstattl mit,
sinscht ham ma koan richtigen
Arbeitsplatz nit.

Auf der Alm is a Gatterl,
geht selm auf und zua,
und die Nann is a Schnatterl
und der Sepp is ihr Bua.

Mei Diandl is viel zu kloan,
woaß schon, wia toan:
i tuas auf a Alm,
dann wachst sie mir schon.

Wann koa Jaga nit war
und koa Halterbua a,
wer tat no der Sennerin
d' Fleach abafang – a?

Auf der Alm drobn muaßt schlafn,
Bua, dös is a Sach!
Derfst rumpln und pumpln,
werd koa Bauer nit wach.

Koa Haß und koa Neid
wachsn drobn auf der Höh,
und d' Sündn wern a net groß,
die fressen d' Flöh.

S Deandl in da Hüttn
kocht an Buam a guats Muaß,
der Tolm glangt ins Pfandl hi
und werd volla Ruaß.

Auf der Alm in der Früah
melcht die Sennrin die Küah,
und wer hilft ihr dazua,
halt der kloa Hüaterbua.

Auf der Alm is nit aus,
is koa Kirch und koa Haus,
is koa Turm und koa Gläut,
senn die frischigsten Leut.

Da Haltersbua z' Alm
is an Kaskessl gfalln,
kastn d' Sennrin mit ein:
wern de Kas nit so klein.

Ja auf der Alm, da is a Lebn
grad wia im Himmi obn,
und 's Beichtn und Predigtgehn
wird aufs nächst Jahr verschobn!

A Platzl für eigene Gstanzln:

Vom Fensterln und ...

Fensterln bin i ganga
aba grad nur a bißl,
ha a Loatal angloant
mit dreihundert Sprissl.

Buam, laßts enk 's Geld wechsln,
dann habs a kloans Geld,
gehts nur grad Fensterln
dann segs die neue Welt.

An Sprung übers Gassl
und an Juchizer drauf,
an Klopfer ans Fensterl:
Schians Diandl, mach auf!

Wenn i klopf, wenn i schrei
und du heascht mi nit glei,
dann muaß i verstehn,
daß i weiter soll gehn.

Ja fensterln bin i ganga:
abas Fensterl war zua,
und i denk ma, mei Deandl
schlaft in himmlischer Ruah.

Aba 's Deandl, jetzt woaß i 's,
schlaft net alloan,
des kann ja koan doppelten
Schnaufer net toan.

Steig nur auffa, schliaf eina,
bei mir is guat liegn,
hat a jeder Bua gsagt,
der da aufi is gstiegn!

Diandl, zu dir bin i gangen
über Stock, über Stoan,
aber iatz muaßt mir gschwind aft
nu 's Fenschtal auftoan.

Fensterln bin i ganga
zu da Stoaheisla Dirn,
habs Fensterl vafahlt,
hab da Goaß einigschrian.

Diandl, zu dir bin i gangen
oa Jahr und oan Tag,
aber iatz kimm i nimma,
weil i nimma mag.

Fensterln bin i ganga,
mei Vata mit mir,
fallt der Tollpatsch in die Surgruabn,
was kann i denn dafür?

Beim Deandl sein Fensta
gehts kloavadraht zua,
sie hat gmoat, es san Gspensta,
daweil wars der Bua.

Diandl, zu dir bin i gangen
im Regn und im Wind,
aber iatz kimm i nimma,
weil a andra Bua kimmt.

Geh weg vo mein Fensta,
geh weg von mein Bett,
i hab a schwache Natur,
und du verstehst es no net!

Diandl, was denkst dir denn,
wenn mia vunanda gehn,
i denk mir halt allezeit:
Du warst mei Freid.

I tat scho gern fensterln,
aba 's Kreiz is halt für,
geh Deandl, i bitt di,
laß mi türln bei dir.

Geh weg von mein Fenster,
du Tepp, du groba!
Du stehst ja grad draußn
wia a Grummatschoba!

Diandl, bist stolz,
oder kennst mi am End nit,
oder is dös vielleicht
dei Fensterl gar nit?

Na, i bin nit stolz,
und i kenn di wohl,
du bist schon der Bua,
der zu mir kemmen soll.

Aufs Gassl bin i gangen
bei der Nacht zu der Dirn,
hun an Kaschtala kriagt
und a paar Scheuerlbirn.

Aufs Gassl bin i gangen
zu der Bäcknliesl,
Schnaps hun i koan kriagt,
aber die Ofnschissl.

Aufs Gassl bin i gangen,
huns Fensterl nit gwißt,
und bin dort hinkommen,
wo der Saustall is.

Beim Deandl sein Fensta
is 's Haus nummariascht
und zwoatausendsexhunderscht Buam
habns da scho probiascht.

Z'naxt hat mi der Bauer
vom Deandl wegg'jagt,
wann i no amal kam,
nimmt er 's Kuchlhackl, hat er gsagt.

Daweil i auffi bin gstiegn,
hat mi 's Schnaggln ungwiegn,
zun an Gspött hats mir gredt:
War dir z' floachig mei Bett?

Der Bauer hat gschrien:
Gehst weg von der Dirn!
Wann er no amol schreit,
hoaß in „Weiberleutneid"!

Diandl, geh zum Fensterl her,
alloa is mir 's load,
wennst 's Kitterl nit findst,
geh nur her in der Pfoad.

Mein Schatz is a Bäck,
a Brezenmacher,
iatz kriagt er an Preis dann
als Dampflmacher.

Der Schnee geht iatz weg,
und dann wirds wieder grian,
dann werd i zun Diandl
ihrn Fenster mear giahn.

Lustig mir Ledign,
wir brauchn koa Predig,
wir brauchn koa Amt
und werdn doch nit verdammt.

Heit semma spat aufn Weg,
schreit schoa der Gugg,
aber Diandl, wenn d' nit glei aufmachst,
muaß i mehr zrugg.

Ich versteh fei gar nix,
von wegen weißt es scho,
denn wie 's ma da Vata vorgmacht hat,
war ni nu nit do.

Bst! Deandl mach auf,
laß mit nit so lang stehn,
sonst muaß i zu der Nachbarsdirn
anfensterln gehn.

Da Sepp is as Gassl gangen,
hattn 's Diandl ausgspart,
weil ers Bettstattl nia findt,
und alm an Nachttopf auslaart.

Zerscht gfensterlt, na busslt
unds Deandl anglernt,
jetz ham ma uns 's Ausspanna
und a Brotzeit vadeant.

Ban Diandl ihrn Fenster
is a Pudal aufgmaln,
und wenn a andra Bua kimmt,
aft fangts Pudal u kahln.

A Platzl für eigene Gstanzln:

Von der Liebe ...

D' Liab is a Kreiz,
dös tragn d' Leut gern,
aber sonst mag halt koaner
a Heiliger wern.

Und die Liab is a Feuer,
da fehlt es sich nit,
aber dennoch koa Brennsuppn
wärmt man damit.

D Madln hab i allsamt gern,
allsamt senns ma liab,
und de hab i a no gern,
de i nit kriag.

Aufn Tauern tuats schauern,
daß es blau niedergeht,
dös Diandl tuat trauern,
weil der Bua von ihm geht.

Es ist nit lang, daß es gregnet hat,
die Dachrinn tropft nu,
i hab amoi a Schatzl g'habt,
i wollt, i hätt's nu.

Und a Jager der sieht gut,
Aber d' Lieb macht ihn blind,
und da fangt oft den größten
a kloans Diandl gschwind.

Wenn mei herzliabs Diandl
laut jodelt in der Fruah,
dann gfreut sich unser Herrgott
und juchazt dazua.

I denk hin, i denk her,
i denk kreuz, i denk quer,
i denk allweil ans Diandl,
sonst denk i nix mehr.

An Jät und an Schnitt
brauch i mei Diandl nit,
aber zum Erdäpflgrabn
muaß is Diandl wohl habn.

Wenn i ausgeh, is dunkl,
wenn i hoamgeh, is Tag,
so gehts halt an Buam,
der a liabs Diandl hat.

Und a Diandl hübsch jung
und a Wein, der hübsch alt
und das is, was mir allweil
am besten no gfallt.

N Diandl ihr Treu
is schwerer als Blei,
is ihr selbst a diam z' schwer,
sie legts weg und geht leer.

Diandl muaßt wegn an Rausch
nit so stark aufbegehrn,
da seh i di doppelt
und das hab i gern.

Wenn das Bergerl nit wär,
und das Gstäud nit danebn,
so könnt i meim Diandl
ins Kammerl neinsehn.

Die Fink, die habn Kröpferln,
da singens damit,
und mei Weib hat an Kropf,
aber singen kanns nit.

Bin a Schlinkerl, a Schlankerl,
hab a kloan z'rissnes Jankerl
und an lucketen Huat,
fürn Lumpen guat gnuag.

Geh weg von meim Fenster,
geh weg von meim Bett,
i bin a jungs Diandl,
bin bald überredt.

Der Guggu im Wald
is nit jung und nit alt,
und zwoa bluatjunge Leut
vergehen sich bald.

Wenn der Mond so schön blickt,
is fürs Diandl a Glück,
und fürn Bauern a Schad,
der a schöns Diandl hat.

I bin schon so lustig,
so stehts in koan Buach,
und mir hupfen glei d' Füaß auf
von selm in die Schuach.

Und die sakrische Schneid,
die laßt mir koa Ruah,
könnt die Hälfte verschenken
und hätt allweil nu gnua.

Und die richtigen Diandln,
die bussln so gern,
und wia mehra daß s' bussln,
wia schöner daß s' werdn.

Wer hoch steigt, muaß tief falln,
wer viel trinkt, muaß viel zahln,
wer viel liabt, muaß viel leidn,
wer nix kriagt, is nix z'neidn.

Und jetzt geh i zum Diandl,
und jetzt richt i mi zsamm,
und an Juchezer muaß i
als Vorreiter habn.

Mei Diandl is a Jungfrau
und i bin ihr Bua.
Und sie hat leicht Jungfrau sein,
wenn i ihr nix tua.

Geh schau mi recht an,
mit die himmelblaun Augn,
i möcht gern a bisserl
in Himmi einischaun.

„Und Du bist mei Du, mei Du,
i bi Dei Du, Dei Du,
bleibst Du mei Du, mei Du
gell Diandl?“ – „Ja, Bua!“

Bua bin i a frischa,
am Land bin i a Fischer,
am Berg bin i a Bua,
wos mi freut, kehr i zua.

Und ’s Gamsal am Gwänd
hat an unsichern Steig,
wia ’s Diandl an Bett,
wenn der Bua dabei leit.

Geh, dalkater Vata,
geh schimpf nit auf d’ Letzt,
gangst selber zum Diandl,
wanns d’ Muatta nit hättst.

Liab nur lei, liab nur lei mi,
i ja lei, i ja lei di,
ghörst ja lei, ghörst ja lei mei,
i ja lei, i ja lei dei.

Mei Herz is verwickelt,
vermankelt, verzäunt,
verflickt und verstrickt,
daß koa Sunn durchischeint.

Sechsadreißg Leberknödl
und a Trumm Wurst,
wer a Kellnerin liebt auf d' Nacht,
der leid't koan Durst.

I schreib dir a Kartl,
i schreib dir a wenk,
daß du nit kunnscht sagen,
daß i nit an die denk.

Wenn d' Zwetschgn zeitig san
gehns leicht vom Kern,
und is Diandl so weit,
möchts an Buam gern.

Vor lauter Schneid gstorbn
is wohl a nu nia koaner,
aber vu lauter ubrennt sein fuxat wordn
schun a diam oaner.

Auf der boarischn Grenz
is a Unglück gschechn,
weil Fledermaus-Martl
Floach-Maridl hat gsechn.

O du mei liaba Gott,
schick mir an Nagerlstock,
der auf zwoa Füaßal steht,
und mit mir schlafn geht!

Schnix a so, schnax a so,
Diandl is dirs z' wax a so,
Diandl, wennst willst linder habn,
aft magst mas grad sagn.

A Packtl Tawagg
und a Zündafoia,
dös geit mir mei Diandl
wenn is heirat hoia.

Beim Kopf und bei die Fiaß,
da geht die Liab an,
wo s' aber am besten schmeckt,
laßt di koans dran.

Hend insar drei Brüadr
a Diandl hat an iadr,
und i bin dr klianscht,
und i hun die schianst.

Mei Mensch bist du gwesn,
kunnst 's nu amoi werdn,
auf a unbrenntn Foirstatt
da brennt 's wolltan gern.

Und sonst freut mi nix,
als die Schnupftabakbüchs,
als die Rosenkranzbett
und a Diandl, dös nett.

Da Pfarra hat a Köchin,
da Mesner a Dirn,
und d' Ministrantn, die Spitzbuam,
mechtns a scho probiern.

Mei Schatz is a Jaga,
a Jaga muaß 's sein;
i bild mir mei Lebtag
koan andern nit ein.

Über oan Stiegl steig i nit,
ba oan Diandl bleib i nit,
aber allweil übereggs,
hab allweil a fünf, sechs.

Und mei Diandl is a Ding,
is nit z'schwar und nicht z'kring,
is nit z'jung, is nit z'alt,
is a Ding, dös ma gfallt.

„Diandl, was war heit Nacht?"
hat d' Muatta gfragt;
„Hat bloß a Floh im Stroh
a Hupferle gmacht!"

Kreuzhin und kreuzher
gehn in Wean die Strassn,
i huns Menschaliabn ungfangt,
kunns nimma lassn.

Ans Fischbachl bin i ganga,
am Fischbachl hab i gfischt
und hab statt an Fisch
a Madl dawischt.

Z' Weihnachten koan Zelten
und z' Lichtmeß koan Lohn,
und an Fasching koa Diandl,
aber schlecht gehts mir schon.

Wia heacha die Berg,
wia scherfa die Wind,
wia scheana dös Diandl,
wia kleana die Sünd.

In da Friah um halb drei,
hat Hennasteign kracht,
hat der Gigglgockl bei da Gigglgackl
sei Schuldigkeit gmacht.

Wann i still geh, wann i stad geh,
so wunderts enk nit,
denn i trag ja mei Diandl
im Herzkammerl mit.

Und a so geht die Red,
die Scheanheit vergeht,
nur die Liab, de bleibt sitzn,
daß die Altn nu schwitzn.

Verliabt is der Gimpl,
verliabt is der Spatz,
verliabt is der Stieglitz,
a jeds hat sein Schatz.

Heit is die Samstagnacht,
wo mir mei Herzerl lacht,
heit gehts nu lustig zua,
heit kimmt mei Bua!

Verliabt is der Gockel,
verliabt is die Laus,
verliabt is der Regenwurm
nur grad i geh lar aus.

Ritznbart, Ratznbart
tua i mir nit weg,
weil Ritznbart, Ratznbart
Diandln aufweckt.

Nimm i d' Hanni, nimm i d' Nanni,
's is gsprunga wia ghupft,
die oa, die is deppert,
die ander is gschupft.

An A und an I
und a Rosemarie,
und mei Schatz is mir lieba,
als wia Hack und Zapin.

Fahr mir nit über mei Ackerle,
fahr mir nit über mei Wies!
Vor Mitternacht geh i zum Katherle,
nach Mitternacht geh i zur Lies.

Hun nix, wia a Häusl
und a gscheckate Kuah
und a Spinnradl und a Bettstattl
und a Diandl dazua.

Die Nacht is mei Diandl
schean woach und schean rund,
aber ban Tag beißt sie her
wia a bugglter Hund.

Daß Busslgebn haarig macht,
dös is allweil nit wahr,
sonst hätt ja mei Diandl
's ganze Gsicht voller Haar.

I bin a kloans Diandl,
drum muaß i mi wehrn,
sonst tatn mi die Großn
in Sack einischern.

Geh weg von mein Fenster,
geh weg von mein Bett,
i hab a leicht's G'wiss'n,
und bin glei überred't.

Der Bauer hat die Bäuerin bußt,
mitten auf der Stiagn,
der Knecht hat gsagt: Recht hast g'habt!
und packt die Dirn.

Dei Griabal, liabs Diandl,
dös is schon a Pracht,
und i bitt di, liabs Diandl,
gib nur fein darauf acht.

Und a Schallei Kaffee,
dös hebt 's Herzei in d' Höh,
und a Bussei dazua,
dös is guat in der Fruah.

I schiaß in die Mittn,
wo's dem Diandl guat g'fallt,
dann tuat sie mi bitten,
daß mei Bix nit z' laut schnallt.

Was soll ma denn tuan,
daß die Diandlan schean bleibn?
In a seidenes Bett legn
und an Zucker drauf reibn.

Nimm is Burgei, des Täuberl,
schaugt a nit viel raus,
da gruglatn Tag und Nacht
Tauber ums Haus.

Da Spielhahn im Wald,
der hats Grugln aufbracht,
und jetz grugln die Buam
bei die Madln auf d' Nacht.

De Gamserln ham Krickln,
de Hirschn ham Gweih,
und guat liegn wars schon allweil
bei de Madln nebnbei.

A Bixl zum Schiaßn
ganz heimlich im Grabn,
und a Diandl zum Bussln
muaß a Jager schon habn.

Lustig is ledig,
verheirat is fein,
drum mecht i bald ledig,
bald verheiratet sein.

Vom Unterland aufa,
a Band um den Huat,
und 's Betschwesternliabn
is fürs Anbrenntsein guat.

S Diandl hat mir die Liab aufgsagt,
außn vorm Haus,
iatz soll i a weag trauern,
aber es zahlt sie nit aus.

Zwoa Gamserl tuan scherzn,
zwoa Hunderln tuan jagn,
zwoa Diandln tuan streitn,
denn an Buam wolln sie habn.

S Diandl hat gsagt,
und an Seifzer hats tan,
heut solls amal gschehn,
wanns möglich sein kann.

Mei Schatzerl hat Äugerln
wia da Himmi so blau,
drum is a koa Wunda,
wenn i drinn mi verschau.

Und da Spielhahn im Wald
hat an Schwoafn an krumpn,
und wo werd denn mei Diandl
ummanander lumpn?

Büaberl, wannst komma willst,
muaßt as z'erscht sagn,
i muaß mi doch hint und vorn
zöpfnen und zwagn.

Beim Diandl seiner Treu
is a Gschlößl dabei,
und a oanziger Bua
hat den Schlüssl dazua.

Von fünfazwanzg Nussn
und Diandln hast ghört,
senn zwölfe nix nutz
und dreizehn nix wert.

Was is das für a Vogel,
der gar so schön singt,
i peck ihm an 's Schnabal,
daß Blut herabrinnt.

Tuas Herz in a Schachtal
und binds recht fest zua,
so wird 's dir nit staubig
und stiehlts dir koa Bua.

Daß 's Diandlliabn a Sünd war,
wem fallt denn des ein?
Gott selbm hats erschaffn,
wia kunnt dann des sein?

**Da Petrus hats gsagt
und der Paulus hats gschriebn:
mit oana Saubern is guat gehn,
bei oana Woachn guat liegn.**

**I woaß a scheans Diandl,
des hat an schean Gang,
mit oan Fuaß mahts Kuagras,
mit oan heigt sie zsamm.**

**Der Petrus hats gsagt
und der Paulus hats geschriebn:
mit der Kellnerin is guat ausgehn,
bei der Wirtin guat liegn.**

**Wenns Leberknödl regnet
und Bratwürstl schneibt,
dann bitt mir den Herrgott,
daß Wetter so bleibt.**

**Hinter der Stadlwand
da rüahrt si allerhand,
wenn da Knecht und die Dirn
tuan multipliziern.**

**S Diandl hat Hupf a der Pfoat,
hat mir die Tittlan zoagt,
sie hat mirs unvertraut,
i hun gern gschaut.**

**A Schwalbn macht koan Summa,
zwoa Jungfern koa Kind,
hingegn bei zwoa Liabsleit
passiert so was gschwind.**

**Da Linz und da Lenz,
dia habn allm 's gleiche Mensch,
abr da Hias und da Lex,
habn alle Tag an andre Hex.**

**Geh weg von meim Fenster,
hör auf mit deim Singa,
wennst mei rechter Bua warst,
warst lang herinna.**

**Vom Unterland aufa,
von Mariazell,
begegnt mir mein Alter
mit an roten Ombrell.**

**An Seppl sei Nasn
is kupfrig, o mei,
wenn der a so fortsauft,
wirds bald grünspanig sei.**

**Ja i und mei Schatz
habn a woltane Freud,
wird uns 's Bettei nia z'eng,
is uns allaweil z'weit.**

Vom Reachbock die Kricklan,
vum Hirschal das Gweih,
vom Spielhahn die Föda,
vun Diandl die Treu.

Und leg di fein zu mir
und hab mi viel gern,
daß unsere Kinder
schön schwarzaugat wern!

Steht a Wetter am Himmel,
aber donnern tuats nit,
steig eini beim Fensta,
aber laut sein derfst nit.

S Diandl hat mir die Liab aufgsagt,
ganz auf a nois,
und von Markistag is nit lang
bis auf Matthois.

I und mei Alter
habn alles miteinanda,
die Äpfl und die Birn
und den Obasanga.

Da Adam und 's Everl
hams Liabn aufbracht,
und i und mei Vronerl
hams a a so gmacht.

S Diandl hat Nussn an Sack,
i habs begriffn,
derweil hats an Buabn an Bauch,
er hat schua pfiffn.

Zwoa Buama z'gleich gern ham,
is a nu koa Kunst.
Oans liabt ma vom Herzn,
oans liabt ma nach Gunst.

S Diandl steht entern Bachal,
und koan oanziger Bua
hat soviel Schneid und
traut si ummi dazua.

Wer zu neunundneunzig Pfennig
auf d' Welt kommen is,
der bringts zu koan Markl,
dös is amoi gwiß.

Eascht werds Bussln probierscht,
dann kimmts andere dran:
wer net guat dengln kann,
kann net guat mahn!

Gams in die Wänd, Fisch im See
dös woaß der Herr Pfarrer eh,
aba mei Mensch im Bett –
dös woaß er net.

Und dös is mei Vata
sei oanzige Freid,
daß er an Sohn hat,
den gar koa Geld reut.

Und Diandl, sei gscheit,
liab koan Schneider, der nit schneid't,
aber liab nur an Schmied,
hat er a Geld oder nit.

Die Kathi is sauba
vom Fuaß bis zum Kopf,
nur am Hoiß hats an Binggl,
dös nennt ma an Kropf.

Ob i di gern hab,
kann i jetzn nit sagn,
frag nachher, wann d' Reh amal
Gamskrickln tragn.

Wann der Hahn kraht, druckt er d' Augn zua
weil er 's auswendig kann,
und wann i bei meim Diandl schlaf,
mach is grad wia der Hahn.

Und i bin mit die Diandln
nu allweil guat gfahrn,
und dös woaß i gar nia,
daß mir z'viel amoi warn.

Und drallalala,
singt der Pfonnenbinda,
und a Blöchl vors Löchl,
aft rinnt sie nimma.

Üba und üba –
a Mensch muaß i habn
und solls üba und üba
a Igelhaut habn!

Des is halt meim Alten
sein oanziger Trost,
daß eahm, so lang i leb,
sei Geld nit verrost.

Kim i mit an Rausch,
nix reden brauch i,
als „grüaß di Gott, Weiberl",
dös andre redt sie.

Fürchtn koan Wolf, koan Bärn,
koan frischn Buam a nit gern,
und 's Diandl alloan
werd mir a nix dertoan.

Wanns regnt und schneibt,
und Labblattln treibt,
wanns stark wittern tuat,
san die Hausmenscher guat.

Drei Berg und drei Tal
und drei Diandln auf amal:
oani liab i, oani tratz i,
oani heirat i amal.

Heiratn mecht i nit,
des war nit schean,
i kunnt ja mei Lebtag
zu koana andern mehr gehn.

Ja, lustig in Ehren
hat der liabe Gott gern,
mit die traurigen Leit
hat a der Toifl koa Freid.

Wann i zum Deandl geh,
hats an Reif und an Schnee,
wann i wieder abageh,
blüaht scho der Klee.

Scheane Rosn, scheane Bleamei,
scheas Diandl, was teama?
Mitanand gea ma hoam,
nacha weascht scho segn, was ma toan!

Aber 's Fenster und 's Bett
dös mag i gern broat,
und a schlaferigs Diandl
is mir allweil verloadt.

Der Oansiedl aufn Berg
hat si narrisch verschaut,
hatn Pfarrer sei Köchin
für a Klausn ungschaut.

Fuchspassn geh i net,
is ma viel z' kalt,
i fang mir a Füchsin,
de hat a an schön Balg.

Geh raus aus der Kammer,
geh weg von meim Bett,
du könntst mir was machn
was Händ und Fuaß hätt.

Und Herr Pfarrer
der Heidekreuzstern,
hats Liabn verbotn,
tuats selber so gern.

Zwoa Buam und oa Diandl,
dös geht nit recht zsamm,
weil mas Diandl in da Mittn
nit ausanandareißn kann!

Unds Diandl is sauba
und hat a scheans Gwand
und a bachlwarms Kammerl
und Holz bei der Wand.

S Diandl is weichslbraun,
und der Bua, der is gelb,
dös senn halt die schönsten
zwoa Leit auf der Welt.

Und wanns di hat kränkt,
daß d' ma a Bussl hast gschenkt,
is ma gar nix dran glegn,
ku dirs glei wieder gebn!

Und 's Diandl is gsund,
die Herzerln san rund
und erst drunter der Stern,
ganz narrisch kunnst werdn.

Wann i a Bauer war,
hätt i zwoa Kiah:
die oane miaßt Schnaps gebn,
die andre a Bier.

D letzt Nacht hab i „pstn" ghört,
drunten beim Zaun,
und wenns nu amoi „pstn" tuat,
aft geh i schaun.

Du flachshaarats Diandl
i hab di so gern,
i kunnt wegn deim Flachshaar
glei a Spinnradl werdn.

I hab sie ja nur
auf die Schulter geküßt,
ja woaßt, weil mirs Maul
zwenig sauber gwen ist.

In da Kammer liegn d' Menscher drin,
's schlagt elfi, elfi,
und wenn jetzt koa Bua nit kimmt,
hats 'n Teifi Teifi!

Und an Unterkittl zu an Oberkittl,
und an Erdäpfl um an Hals,
und a Mistgabl zu a Haarnadl,
ja meim Diandl kauf is alls.

Der oane links und da andre rechts,
der oane hats und der andre möchts,
der oane schickt ihr an Gruaß,
hats der ander scho beim Fuaß!

Hiderix – haderax!
Mei Mensch is a saubas Gwax,
wenn nur koan Kropf nit hätt,
wars ja ganz nett.

Mit Heu stopft der Bergfex
die Wadln sich aus,
im Stall beim Bussieren
fressens d' Ochsen eahm aus.

Und a bißl kalt und a bißl heiß,
und a bißl schwarz und a bißl weiß,
und a bißl weiß und a bißl schwarz,
und a bißl falsch is mei Schatz.

S Bettstattl is kloa,
muaß drin schlafn alloa,
aber kummat mei Schatz,
hätt ma alle zwoa Platz.

Habs Loaterl ugloant
und bin aufikraxlt,
is a Nachtwachta kemma
hat mi abaghaxlt.

Aba 's Diandl hats kränkt,
daß ma a Bussl hat gschenkt,
is ma gar nix dran glegn,
habs eahm glei wieder gebm.

Und wann i beim Diandl bin,
geht allm 's alte Gspiel:
sie hebts Röckl vors Gsicht und sagt:
I scham mi so viel.

Und der Kellnerin ihr Zizziwischperl
und da Kellnerin ihre Kreidn,
da kann a koa Heiliger
a Heiliger bleibn.

Der Bua geht zum Bachl
und wascht sich sein Klachl,
dös Madl geht mit
und wascht sich ihrn Schnitt.

Und 's Gamsschiaßn gfreut mit nit,
senn ma z' hoch obn,
und i schiaß liaba a weißbauchats
Täuberl am Bodn.

Die Sennrin in da Hosn,
dös is a schöns Bild,
weils meistens die Hosn
aufs Strammste ausfüllt.

Pinzgerisch tanzn
und loferisch liabn
und berchtgaderisch hobeln,
daß d' Schoatn auffliagn.

Wenns Taler tat regnen
und Gulden tat schneibn,
nacha tat i 'n Herrgott glei bittn,
's möcht 's Wetter so bleibn.

Mei Vater hat gsagt,
i soll Spriedln kliabn,
und i hu verstanden,
i soll d' Kathi liabn.

A Schütz, der verliabt is,
ja, der trifft scho was,
der schiaßt aufn Goaßbock,
und moant 's war a Has.

I muaß mit mein Diandl
scho hoakliger sein,
i kauf mir a Papierl
und wickls mir ein.

Und is im Papier drin,
dann steck is in Sack,
dann hab i mei Diandl
bei der Nacht und beim Tag.

Die Gamserl habn Krickln,
die Hirsch habn Gweih,
und guat liegn wars schon allweil
bei die Diandln dabei.

Sie hat so zwoa Griabal
in d' Wangerl, wenns lacht,
die hat ihr a Engerl
mitn Fingerl neigmacht.

Beim Diandl bin i gwesn,
und hab mi verspat't,
wiar i Hoam zua bin ganga,
habn die Mahder schon gmaht.

Da hab i mei Pfoad
übern Kopf drüberghängt,
's Gsicht habns nit gsechn
und 'n Arsch habns nit kennt.

Zwoa Buam und oa Diandl,
dös geht nit recht zsamm,
weil mas Diandl in der Mittn
nit ausanandareißn kann.

Schön blau is der Enzian,
schön weiß san die Wurzn,
und a brennrote Liab
habn d' Leit, die kurzn.

Im Winta, wenns kalt is,
und der Schnee krachn tuat,
wia is da beim Lenerl
im Kammerl so guat.

Und im Innviertl drauß,
wern die schön Kinder gmacht,
weil d' Menscher gern liabn,
is Tag oder Nacht.

Mei Liaber hats Fiaberl,
hats alle drei Tag,
und i schau mir um a Liaberl
dös alle Tag hat.

S Diandl hat gsagt:
Was bist denn für oaner?
Wannst koa boarischer bist,
is mir liaber koaner.

Wenn d' Leit allwei sagn,
die Liab war a Sünd –
da kann i net helfn,
wenn da Bua allweil kimmt.

Der Vater hats Haus neu gweißt,
und an Stall a,
jetzt gehts übern Goaßbock her,
hallelujah.

A Nudlwalker und a Schierhakl
und a Kehrbesn mit an Stiel
und a Diandl mit a Hacklnasn,
dös is was fürs Gfühl.

Und meiner, ja meiner,
ja meiner muaß 's sein,
und an andern, an andern,
den laß i nit ein!

Znaxt bin i amoi
bei a Steirischn glegn,
und de hat mir ihrn Kropf
als a Kopfpolster gebn.

An Pfarrer hab is beicht:
„S Diandl g'rat i nit leicht."
Sagt der Pfarrer zu mir:
„Geht mir grad so wia dir."

Und wann mi 's Diandl nimma mag,
geh i aufs Amtsgericht und klag,
und is der Richter a Mann,
werd er a Einsehen ham.

Wenn i klopf, wenn i schrei,
und du hörst mi nit glei,
dann muaß i versteh,
daß i weiter soll geh.

Und d' Liab is in Brunn gfalln,
und bricht si dort 's G'nack,
drum geht jetzt mei Herz um
in an pechschwarzn Frack.

Und wenn i mei Biabl
glei harb schon hab gmacht,
so gib i eahm a Bussl,
daß glei wieder lacht.

Aber mei Herzerl is frisch,
i legs hin aufn Tisch
und an Zettl dazua,
daß i ledig bleibn tua.

Heiratn tua i net,
steht mir net an,
beim Buam is viel bessa liegn
als bei an Mann.

Geh gib mir a Busserl,
und mach koa so Gsicht,
i druck scho die Augn zua
damit 's niemand sicht.

Zwegn was soll ma traurig sein
im ledign Stand,
solln solche Leit trauern,
dö zsammgheirat hamd.

Heiratn tua i nit,
is ma no z' fruah,
und i hab für mein Huiraxdax
Arbeit grad gnua.

Mei Diandl is sauber
juhheissa, juhe!
Und so oft als is sich,
hupft mas Herzerl in d' Höh!

Hab einmal an Buam ghabt,
hab glaubt er liabt mi,
hat elf ghabt, hat zwölf ghabt,
die dreizehnt war i.

A Platzl für eigene Gstanzln:

Über d' Diandln, Madln und Weiberleut

Die richtigen Diandln,
dös san halt die kloan,
die wickln sich gar a so
uma um oan.

Viel bildschöne Dirndln
san rund umadum,
aber i hab dös meine
und i schau mi nit um.

Is nit z' groß und nit z' kloan
will i bussln mit ihr,
i darf mi nit streckn
und nit ducken zu ihr.

Jetzt wern ma oans singa,
dö Weibaleit z' Ehrn:
für die Madln, die junga,
und für die altn Scherbn.

Gelt du Schwarzaugeti
gelt für di taugat i,
gelt für di wär i recht,
wenn i di möcht.

A Roß und an Wagn
und a Diandl muaß i habn
und an Steigbügl dran,
daß i aufsteigen kann.

Und a so a so a so a Deandl,
wia die meine, moan i, oani is,
wird nit boid wieda oane sei,
moan i, wia di meine oane, moan i, is.

Diandl, wennst mi willst liabn,
muaßt d' Brust auffischnürn,
d' Haar müassn gschneckelt sein,
sonst bist nit mein.

S Diandl hat a Ding:
is net schwar und nit kring,
is net eng und nit weit,
is a Ding, des mit gfreit.

Geh, Diandl, mei, mei,
muaßt net gar a so sei,
wannst gar a so bist
is mei Hergehn umasist!

Du herzig-schöns Diandl,
du wunderliabs Kind,
bei dir war guat schlafn,
bei dir wars koa Sünd.

Und a Mistgabl als a Haarnadl,
und a Stierkettn um an Hals,
für so a saubas Diandl,
ja, da kaufat i alls!

Du tausendscheans Diandl,
du Himmelschlüssl,
bei dir möcht i schlafn
a kloawinzigs bissl!

Schaut gestern mei Schatzei
beim Fensta heraus,
glei schlagn drei Nagei
ausm Nagerlstock aus.

Und 's Diandl hat a Zithern
und da Bua hats net gwißt,
bis daß er mitm Zitherschlüssl
draufkemma is.

S Diandl is sauba,
jetzt möchts gern a Tauba,
und i woaß ihr scho oan,
recht an sauban, an kloan.

S Diandl im Bett
hat a seidene Deck,
hat a seidene Hüll,
aba Liab hats net viel.

Ums Mieder drum Franserln,
's Hemat voll Löcherlspitz,
wo sie aba was habn solln,
habn d' Luader nix ...

Und de oa hat a große,
de oa a kloani
und de oa hat a lederne
Taschn – moan i.

D' Leit habn 's oft scho gsagt,
glaubt hab is nia:
dö langhaxatn Diandln
ham spitzige Knia.

Hint auffi gar koan Arsch,
und vorn brettlebn,
wer werd denn – beim Teifi! –
a sellas Mensch mögn?

Und mei Diandl hoaßt Juli,
sie riacht nach Patschuli,
aba d' Woch nur amal,
sonst riachts nachm Stall.

Aber Zahnerl hats Diandl
blitzweiß wie der Schnee,
senn allesamt eingsetzt,
drum teans ihr nit weh.

A Nasn hat a jede
und Augn und a Mäu(l),
aba a Griabal im Kinn
findt ma nit alleweil.

Und ’s Madl hat gheirat,
is siebzehn Jahr alt
und kanns Kitzeln nit leidn,
was heirats so bald!

Daß ma koan Lehrer braucht,
woaß i jetzt guat,
weil die ganz Einarbeit
vo selber gehn tuat.

S Diandl hat ma Bussln gebn,
zählt hab i ’s nit,
auf an vierspannigen Loatawagn
führast as nit.

A Busserl von dir
schmeckt besser als Bier,
schmeckt besser als Branntwei,
als Kas und Klischtier.

So oft i mei Diandl siach,
muaß i laut lachn,
weils gar so a herrisches
Göscherl kann machn.

I kunt eahm net Feind sein
dem Wutzerl, dem kloan,
es wutzlt si soviel nett
uma um oan!

Mei Schatz is katholisch
und i reformiert,
drum wirds zerscht katholisch
und na reformisch probiert.

Und 's Diandl is lutherisch worn,
da muaß i lachn,
aba i werd ma 's scho wieder
katholisch machn.

Und unsa Herr Pfarra,
der predigt scho recht,
und er lachat si z' Tod,
wann mi 's Diandl nit mecht!

M Pfarra hab i beicht:
„I grats Diandl nit leicht!"
Sagt da Pfarra zu mir:
„Geht mir grad so wie dir!"

Die almerischn Menschn
ham Bettn kloane,
daß ma si zuawizackln muaß
hin an oane.

Und da Hirsch hat a Gweih
und an Schwoaf hat da Hund,
und 's Diandl hat a Nasn,
daß neiregna kunnt.

Die Diandl von Audorf
senn Hopfnstanga,
und willst oane halsn,
muaßt auffaglanga.

Und die Audorfer Madln
ham Flöh in der Pfoad,
und wenn mas amal halsn tuat,
na wechselns die Woad.

Die Audorfer Diandln
ham weiße Leibi
und ham an Verstand
wiar a Tuttenkaibi.

Und die Kloadirn, die möcht halt,
daß s' an starken Buam hätt,
aba weils 'n nit kriagt,
nimmts an Wiesbaum ins Bett.

S Diandl im Haus
is ma liaba als draußt,
brauch i nit so weit gehn
wenn da Wind a so haust.

Und 's Diandl hat Pratzerl
und a Gsichtl hats a,
wia wann a alte Facklsau
drüba abigrutscht war.

Bist gschiagelt und buckelt,
bist nirgats schön rund
und Flöh hast gleich dutzendweis,
hab mi gern und bleib gsund.

Und die Sennrin auf da Oim,
is ad Surgruabn obigfoin,
wia sie aufakemma is
hat sie 's Gsicht voller Gschieß.

A Nudlwalker und a Feuerhackl
und a Kehrbesen mit an Stui
und a Diandl mit a Hacklnasn,
dös is was fürs Gfui.

Und 's Diandl hat a Mühln,
wo da Wind außerwaht,
und sie brauchat an Mühlbursch,
der ihrs Troad mahlen tat.

Aber 's Diandl hat gsagt,
sie müaßt an Bergknappn habn.
sie hätt soviel Freud
an dem Pickln und Grabn.

Mei Diandl hoaßt Thres,
bal is anschau, schaugts bös,
bal is anlang, na schreits,
ja mit da Thres is a Kreiz.

Steig nur auffi, schliaf eini,
bei mir is guat liegn,
hat an jeder Bua gsagt,
der da auffi is gstiegn.

Aber am Tegernsee
hats schon an Eis –
daß 's Diandl a Jungfrau bleibt,
dös kost an Fleiß!

Diandl, hast ghört, hast ghört,
hast dir leicht was dafrört,
weilst hinten und vorn
so eiskalt bist worn?

I hätt a guats Bett für di,
derfst as scho glaubn,
und wannst mir mei Uhr aufziagst,
back i dir Straubn.

Ja, 's Diandl war schö,
da bin i oftmals gwösn,
nur Fuaßerln hats ghabt
wia d' Reiserbesn.

Und wann i mei Diandl
beim Tanzn betracht,
ja, da gfreut mi der Mann,
der die Arbeit hat gmacht.

Annamirl, Mirl, wend di,
Annamirl, Mirl, drah di!
Annamirl, wann i di net hätt –
Annamirl, was tat i?

Ja, wann mei Diandl net war,
war i längst scho dafrorn,
bei eahm bin i allmal
no aufgleinet worn.

Sie hat a guats Herz
und hat Holz bei de Wänd,
sie warmt mit guat aus,
weils mein Wehdam scho kennt.

Du spöttische Gsellin,
geh, tua net so stolz,
brennst a grad a feichtas,
koa buchsbaumers Holz!

Und wegn deim Schönsei
da bild dir nix ei,
dös schiab i ja leicht
ins Hosntaschl ei!

Und 's Diandl trutzt d' Buam
und sagt: „Gebts an Fried,
habts ma d' Jungfernschaft gstohln,
schamts enk denn nit?“

Diandl, muaßt wegn an Rausch
nit so arg aufbegehrn,
da siech i di doppelt
und des hab i gern.

Was nutzt mir a Diandl
im Schlafkammerl drin,
wanns außa nia geht
und i eini nia kimm?

A Diandl hab i ghabt,
hammas d' Leit net vergunnt:
solln s' as sich b'halten,
die neidischen Hund!

S Gamsl am Berg
tuat an Schuß nit scheuchn,
und mei Diandl im Bett
tuat a nix dergleichn.

S Diandl hat an Kropf am Hals,
der macht mi net irr,
weils bei da Nacht do schwarz san,
die schelchhaxatn Kiah.

Aber 'm Diandl sei Treu
is so schwar als wia Blei,
is ihr selber viel z' schwar,
sie wirfts weg und geht lar.

Und jetzt hab i dei Treuheit
im Garten anbaut,
und da is ma nix gwachsn
als lauta Unkraut.

Und 's Diandl im Kammerl
hat gseufzt in der Nacht,
weil ihr der Bua nimma
an Zeitvertreib macht.

Wias Diandl jung is gwen,
hats koan Soldatn mögn,
jetz, als a alter Scherm,
hätt sie 's scho gern.

Ja, Diandl, wannst heiratst,
na heirat koan Schmied,
er bempert die ganze Nacht,
und laßt dir koan Fried!

S Diandl hat an Schneida g'liabt
üba drei Jahr,
und jetzt hats an kloan Goaßbock kriagt
mit rote Haar.

Um Johanni, Johanni
wirds erste Mal gmaht,
Bua, wannst amal gheirat hast,
is da Strick draht!

S Lieserl hats Wieserl gmaht,
hat sie sein Rock aufdraht,
kannst as vo weitn sehn:
wias Groamat tuat stehn.

Ja, und 's Diandl, des kloa,
kann net schlafn alloa,
bald i mi zu eahm leg,
na kann er schlafn, der Dreck.

Und Fuchspassn tua i nit,
is mir viel zu kalt,
i paß auf die Füchsin,
die hat an schön Balg.

Diandl, kimm her, kimm her,
kimm her da zu mir!
Sinscht pack i mei Zeugl z'samm –
und kimm zu dir!

S Diandl hat gsagt,
i solls krachn lassn,
wann 's Bettstattl bricht,
sie wirds machn lassn.

Mei Schatz is a Jaga,
a Lump a adrahta,
geht aus mit der Bix,
aber Hoam bringt er nix.

S Bettstattl is brochn,
um oans in da Nacht,
is d' Kuah hi, is 's Kaibl hin,
dös hat nix mehr gmacht.

Und 's Diandl is kuglfest,
kann eahm nix an,
wia oft is 's scho gschlossn worn,
hat eahm nix tan.

Aber die Preiskreisscheibn
hats in da Mitt:
jetz leg i mei Stutzerl an,
ob i triff oder nit.

Und 's Diandl hat gsagt,
sie hätt mi so gern,
als wia von die Pferschn
und Kerschn die Kern.

Geh, Diandl, bist launi,
geh, sei wieder guat,
greif her auf mei Herzl,
wias hammerlen tuat!

Und a kloans, a kloans Häusei,
und a kloans, a kloans Bett,
und a kloans, a kloans Deandei,
koa groß's mag i nit!

Ja, 's Diandl is winzig kloa,
muaßts in a Schachterl toa,
's Schachterl würad no net voll,
ja, Bua! – kloa is wohl!

I bin kloa, du bist kloa,
paß ma schö zsamm,
krieg i a kloans Weiberl
und du an kloan Mann!

Und 'm Diandl is angst und bang,
woaß net, was toan,
und zum Buabm traut si 's a net z'sagn:
„Jetz hör auf und geh hoam!"

S Diandl in jungen Jahrn
hat a scho viel erfahrn,
ausgstandn a scho viel:
unter der Hüll.

Jetzt hab i a Diandl
vom Unterlandl
und vor lauter Liab zittert ihr
's Fürtabandl.

Er schaut so verliabt,
und dann wieder betriabt,
und i hats soviel gern,
wenn er keckar tat werdn.

S Diandl hoaßt Lena,
hat im Stall ihre Henna,
und a Schlupfloch is dro,
daß da Hahn eini ko.

Und 's Diandl von Lauterbach
schneid der Kuah 's Auter ab,
laßt nur an Zipfl stehn,
und moant, dös is schön.

Und 's Diandl is jung,
sie moant, i brings um,
aba sie haltat si stad,
wann is umbringa tat.

S Diandl mit siebzehn Jahrn
is no nia Schlittn gfahrn,
woaß net, wia ma d' Goassl führt,
aber heut wirds probiert!

S Menschnliabn laß i nit,
weil is nit kunn,
aber i fang alm
was Feiners halt an.

Es geit kalte Wassal,
es geit kalte Brünn,
es geit schiane Diandlan
an Zillachtal drinn.

S Diandl in der rupfern Pfoat
is volla Flöh,
hab a weng druntergschaut:
Hui! Hupfens in d' Höh!

Hatt i nur a Bixl,
mit Liab ladet is,
und schiaßat aufs Diandl,
dös treffet i gwiß.

S Diandl in der rupfern Pfoat
hat ma die Tittlan zoagt,
sie hat mirs anvertraut
und i hab gern gschaut.

Zwischen zwoa Habernsäck
hat sie mirs außergstreckt
i hab ihrn einigsteckt,
dös hat ihr gschmeckt.

Aufn Ofn, aufn Ofn,
liegt der Vata auf der Muatta,
laß man obn liegn, laß man obn liegn,
kriag ma wieda an Bruada.

S Diandl in der rupfern Pfoat
hat mir die Tutterln zoagt,
hätt mir no mehr vertraut,
wann i hätt gschaut.

Schwarzaugat is sauba,
schwarzaugat is liab,
und jetz suach i a Diandl,
so schwarz als is kriag.

Wenn i des zerscht hätt gwißt,
daß d' mi net magst,
hätt i dir koan Kas net kauft,
du schelchaugats Gwachs.

Jetz hab i a schöns Weiberl,
und wanns so schön bleibt
na stell is in Garten raus
daß s' mir d' Vögel vertreibt.

I und mei bravs Weib
mir spieln zum Zeitvertreib,
schlagn Schüsseln und d' Häfen zsamm:
alls in Gotts Nam.

Mei Weiberl und d' Nachtigall,
di san ma guat Freund,
sie fangen zum Schlagen an,
wann d' Sunn nimma scheint.

Die Vogerl ham Kröpferl
und singa damit,
mei Alte hat a an Kropf,
aber singa kanns nit!

A bißl lichelitzn und a bißl lachelitzn,
a bißl krichelitzn und a bißl krachelitzn,
a bißl singen und a bißl liabn
und aufn Tanzbodn ummaschiabn.

Und Schüssln und Reindln,
Kaffetscherln und Weinln,
is de Weibsleut ihr Gfalln
und da Mann, der derfs zahln.

Wer de Weibsleut z'viel traut
und koa Geld net unschaut,
der bringts a so weit,
daß 'n reut mit da Zeit!

Sein unser drei Schwestern,
die jüngste bin i,
habn alle drei Männer,
den schlimmsten hab i.

Die kropfate Maus
is in Ofn g'schloffn,
hat den Buckel zerschlagen
und den Schwanz zerbrochn.

Und jetzt hörn ma halt auf –
und was d' Jungfrauen san,
sollen juchazn drauf,
wenns no d' Jungfernschaft habn!

Buama, Manda und Mannsbilder

Im Winter weards kalt,
und die Leut wearn alt,
und die Glieder wearn steif,
aufn Kopf fallt der Reif.

Und ’s Herz gspürt koa Liab,
die Augn wearn triab,
in die Ohr’n tuats summen,
der Kopf tuat ma brummen.

Die Zähn’ falln enk aus,
der Summer is draus,
im Winter weards kalt
und die Leut weardn alt.

S Diandl hat gsagt:
was bist denn für oaner?
Wannst koa Tiroler bist
is mir lieber gar koaner.

Mia san von der Oanöd
drei kloane Mandl,
ku koana weita glanga
als zum Firtabandl.

Der Gamsbock is pfiffig,
der Jager is schlau,
drum nehmen ’s die zwoa
miteinander genau.

Daß i kloa gwaxn bin,
hat mi nia greut
und es hat a da David
an Goliath bloit.

Aber 's Einsiedlerlebn
des gang mir nit ein,
da tat i schon liaber
a Zwoasiedler sein.

A lustiger Bua
z'reißt oft a paar Schuah,
grad a trauriger Narr
hat lang an oam Paar.

Ob i sing, ob i pfeif
oder ins Tascherl greif,
ob i pfeif, ob i sing –
is im Tascherl nix drin.

Bin a lustiger Jaga,
geh raus in den Wald,
und i schiaß, was mi freut,
und i liab, was mia gfallt.

I bin a jungs Bürschl
und hab a jungs Bluat,
und i kann tanzn und plattln,
daß 's funkazn tuat.

Hast gsagt, du bist schön,
das is ja derlogn,
koane Wadeln, koane Tutteln,
ja, da war i betrogn!

Und 's Herz voller Falschheit,
und 's Maul voller Gspött:
A so a Hin- und Herbüabl
hab i nia gmögt!

Dort drobn auf der Höh,
steht a Gams und a Reh,
und a Jaga dabei
ohne Pulver und Blei.

I steig dir nimma auffa
auf dein hochn Bichl,
hast ja koa Holz bei da Wand
und koa Mehl im Trüchl!

Wann die Diandln so kitzlig warn
als wia die Gams,
was taten d' Buama oft
mit – die Federn am Huat?

Ja, da Böller braucht Pulver
und an Bolz von Papier
und die Diandln brauchn d' Buam
als Richtkanonier.

Und a Stutzal zum Schiaßn,
und a Hundal zum Jagn
und a Diandl zum Gernhabn,
muaß a frischer Bua habn.

Der Gugu im Wald
schreit allweil: „Bua! Bua!
Gib acht auf dei Diandl,
politisch gehts zua!“

Schean is a nit der Bua,
aba recht frisch
und sei Schuldigkeit tuat er,
grad wias da Brauch is.

A bißl krump und a bißl krad,
und a bissal auf d' Seit,
und wenns mitterlach geht,
ja dann fehlts nimmer weit.

Ja, wann mi mein Diandl freut,
tua i mei Schuldigkeit,
sie muaß man a erfülln,
mein guatn Willn.

Das Gamserl im Gwänd
hat mir runterpfiffn,
wennst a Kugerl hast unt,
magst mirs auferschickn.

Du herzig-liabs Biabl,
leg di eini zu mir,
für des aber, was d' anstellst,
mußt d' guatstehn dafür!

Im Tal liegt der Nebel,
auf die Berg is es klar,
was die Leut von mir reden,
is lang nit alls wahr.

A Gamsl möcht i sein,
das wär halt mei Freid,
wär immer in der Höh
und allweil bei der Schneid.

Jetz woaß i net, glungezt de Glockn,
oder muggenzt die Kuah,
oder tropfezt der Schotten,
oder juchezt mei Bua?

Mei Vata hat gsagt i soll
Scheitala kliabn
und i hab verstanden soll
Madala liabn.

Wenns Sauerkraut regnet
und Speckvierteln schneit,
muaß ma den Herrgott schön bitten,
daß 's Wetter so bleibt.

Schauts auffi, wia 's regna tuat,
werd i wieda wischlwaschlnaß,
i und mei neuer Huat
alls wegn meim Schatz.

Bin froh, daß i koa Bauer bin,
werd mir koa Kuah nit hin,
scheißt mir koa Katz ins Korn,
hab i koan Zorn.

Der Bua, der is schriftgelehrt,
und kanns ABC guat,
aba 's Diandl mecht wissn,
wias weitergehn tuat.

A lustiger Bua
muaß hoch übersingen,
und gehts Gatterl nit auf,
muaß er drüberspringen.

I bin a Rekrut,
a Rekrut, a junga,
ausm Diandl sein Bett
hams mi außergnumma.

Wann da Mondschein schön scheint,
scheint er übers Dachl,
und wann sonst koana kimmt,
kimmt da Nachbarsklachl.

Und lustig wir Melcher,
wir habn das Ding los,
a Zummel aufn Buckl
und a z'rissene Hos.

S Diandl hat an hitschatn,
hatschatn Gang,
da kemmen zwoa Hitschate,
Hatschate zsamm.

Geh i bergauf, berga,
ziach i mirs Jackerl a,
geht i übern Berg aus und ein,
schliaf i mear drein.

Du tausendliabs Biabl,
wie stelln mas na an,
daß ma mein Kittl
nit z'kurz werd vornan?

Mei Schatz is a Jaga,
a Bua, a junga,
der is auf und auf grean
aba grad außn umma.

Wer a Jaga will sein,
muaß Schiaßn kenna,
im Diandl seim Bett
san koane Hirschn drinna.

Beim Niglnagl hab i Goaß ghüat,
bin i a nit lang bliebn,
weil a bockstarrer Schwabenkäfer
über die Milchsupp is gschtiegn.

I bin a lebfrischer Bua,
und hoaßn tua i Spitz,
schliaf der Muatter untern Kittl
und jodel außer beim Schlitz.

Ja, mei Schatz is a Jaga,
i kenn ihn am Geahn,
reich is er nit, gscheit is er nit,
aber saggerisch schean.

A Diandl, a netts,
a Herzerl, a fetts,
a Schnabal, a siaßs,
wenns mi 's abussln liaß.

Und die Taubn ham gschnablt
und da Schildhahn hat balzt
und der Bua, der hats Diandl
im Holz draußn ghalst.

Bald tua i a Schlafl,
bald rach i a Pfeif,
bald hüat i a Schafl
und jodel und pfeif.

Ohn an Korn Mehlal mahln,
ohn an Geld Diandal zahln,
ohn a Schneid Wildgras mahn,
da kunn ’s di drahn.

Mei Bua is a Holzknecht,
a Schoatenpecka,
und der is mir scho liaber
wie a Tintnlecka.

Mei Bua is a Tischla,
a Tischla muaß sein:
der macht mir a Wiegn
und was neighört glei drein.

Mei Vater is Tischler
und Tischler bin i
mei Vater macht Wiagna
und was dreinkeart mach i.

Kloan bist du gwachsen,
werst niemals groß werdn,
du bist grad a Diandl
wia a Haselnußkern.

I hun a Tanzrin,
is nit arm und nit reich,
an Gsicht und an A....
siechts da Habergoaß gleich.

Bald hütet der Bauer,
bald hütet der Knecht,
wenn sie alle zwei hüten,
dann hüten sie schlecht.

Und mei Bua is a Bäck
und a Bäcker muaß sein,
der backt mir Weggn und Straubn
mit Weinbeerln drein.

Ja, der Bua is a Bäck
is drei Viertl Stund weg,
hat mas Dampfl eingrührt,
habs drei viertel Jahr gspürt.

Wenn i beim Diandl bin,
laß i eahm koa Ruah,
sie hats gern, i habs gern,
und kost uns koa Kuah.

Wird dir wohl weilang wern
alloan in deim Bett –
ob i aba eppa ummakimm,
woaß i nu nit.

Ja, i und der oa,
der Schleifer und der Stoan,
und wenn der Oane nit schleift,
dann schleif i halt alloan.

Mei Tag hat drei Stund,
drei Stund und mehr nit,
oa scheane, oa schlimme
und oane in der Mitt'.

Der Bua war schon sauber
und krad ummadum,
grad hint hat er an Buggl,
und die Füeß de san krump.

Aber 's Diandl hat gsagt
mit mir wars a Gfrett,
weil i zum Gernhabn
hab Fäustling anglegt.

Aber heut gehts mir schlimm,
weil i koa Diandl bekimm,
und i moan, i gib ga
nu an Oansiedl o.

Aber an Sunntag drauf
hun is det nu gwagt,
da hun i a Diandl
zum Tanzn derfragt.

Am Land bin i Fischer,
am Berg drobn a Bua,
auf der Alm bin i Melcher
bei der Hagemoarkuah.

Da hun i tanzt
und da hun i zogn,
daß der Oansiedlmantl
umma is gflogn.

Und i woaß mir a Glöggal,
das hat an helln Klang,
und i woaß mir a Diandal,
das hat an schean Gang.

Entern Bach entn,
da fliagn die Taubn,
iatz kimm i bald ummi
die Federn zsammklaubn.

Geh nit übers Bachl,
leicht fallst ins Wassa,
was tuast in mein Bettstattl
als a watschlnassa?

Fürs Pech hab i mei Hackl,
fürs Gamsl mei Büchs,
fürn Jaga a paar guate Fäust –
grad fürs Mensch hab i nix.

S frischeste im Tal
wird wohls Brunnenwasserl sein,
und i hab amoi koa Diandl,
i bild mirs nur ein.

S Diandl hat ma d' Liab aufgsagt,
jetz is mas leicht,
brauch i nimma fensterln gehn
und net zur Beicht.

I kaf ma an Schnupftabak
und an Brasill,
und des Mensch soll mi gern habn,
des mi scho nit will.

Oa Schwalbn macht koan Summa,
oa Maurer koa Haus,
und wegn oan Diandl rearn,
dös zahlt sie nit aus.

De Pfeif is ma brochn,
de Hosn hat an Riß
und der Geldbeitl is ganz krank,
der hats laufade Gschiß.

Heint hun i a Tanzerin,
de hat a scheans Gwand,
hat saggrische Wadl
und Holz bei der Wand.

Dahoam bleib i nimma meh,
dös sag i eh
und i mag a koa Bauerndirn,
hamm ma zviel Flöh.

Zun Bua sein z'wenig Geld,
und zun Bauer sein z'wenig Feld,
aber a Oansiedler werdn,
mag i a nit so gern.

Bin a lebfrischa Bua,
aba jetz geh i hoam,
de Henna san griffn,
i hab nix mehr z' toan.

Aber oans woaß i no,
dös muaß jetz no füra:
i bin halt de Diandln
ihr Rauchfangkehra.

Und hinter der Hollerstaudn,
da is was gschehn!
Ma woaß zwar nit was,
aber d' Leit, de habn 's gsehn!

I tua nit heiratn,
i bleib alloa,
tua liaba a Pudl trinkn
obn aufn Loderstoa.

Ja, d' Leit, die hams gesehn
und die wissens ganz gwiß:
sie hams haargenau gsehn,
daß 's finster gwen is!

Luschtig über und über,
und a Diandl muaß i habn,
und solls über und über
a Iglhaut habn.

Die nettigschtn Tanzrinnen
hend allweil die kluan,
de wuzln sie soviel nett
umma um oan.

Ja und nu was is gschehn,
werds es eh scho wissn:
da Kellnerin ihre Pudlhaubn
hat an Fuhrmann bissn!

An Dokter hams Nachtgschirr gstohln,
da Hebamm d' Klistierpistoln,
mir hams 's as Mensch davu,
's Stehln geht jetzt u.

Und der Oansiedl von Schwendt
hat sei Kuttn aufghängt,
hat sei Kuttn verschmissn
und is an Diandl nachgrennt.

I hab Spanspreißl ghoblt,
hab Sagschoatn klobn;
hab Tannzapfn gfüttert
im Taubnkobl obn.

I hab Erdäpfel droschn,
hab Haslnuß gmaht,
hab Rüahrmilch gspunna,
habs sauba vadraht.

Mei Vata hat gsagt
i soll besser hausn,
soll die Katzn daschiaßn
und selber mausn.

Hab di Katzn daschossn,
bin außer in Roan –
i kann net mausn,
san d' Löcha viel z' kloan.

Mei Diandl is a kloans bissal,
greaßa wia i,
und iatz halts ma den Toiflsdreck
alleweil für.

Znaxt is amoi lustig gwen
und zünftig a,
hat der Bauer an Dritschl tu
und an Schoaß a.

I halt koa Diandl,
und i brauch amoi a koans,
denn zum Tanzn und Lustigsein
leich i mir oans.

Da Sepp hat an Kopf
zwischn Puffa neibracht
de Puffa ham si bogn
und der Sepp, der hat glacht.

Und unser Dirn, die groaß,
die tuat an groaßen Schoaß,
aber die ander, die kloa,
die ku koan söllan nit toa.

Und 's Diandl ischt kluan,
mechts in a Spatal drein tuan,
weachts Spatal nit voll,
aber kluan ischt sie woll.

A Gams hab i gschossn
im Hochecker-Gwänd,
hat mis Hoamtragn verdrossn,
habs an Jagerbuam geschenkt.

A Gams hab i gschossn,
an zotterten Bock,
wia i auffi bin kemma
wars a Kranawettstock!

De Häusa san baut
nach da neiastn Mod,
boist im erstn Stock niaßt,
sagns im Parterre: Helf da Gott!

Gell du Schwarzaugate
gell, für di taugat i
gell, jetzt war i recht,
wann i di möcht.

Willscht a Pinzgarin liabn,
muascht a Mössarl einschiabn,
wenn d a Bussl willscht habn,
muascht zeacht Klattn ocharschabn.

Der Schendarm hats Haus ausgsuacht,
der hat sich traut,
hat da Muatta ihrn Stallkittl
für a Gamshaut ugschaut.

So weit as ich aufnschaug
hend amoll Taxn,
und daß mei Diandl tschergat isch,
machn die Haxn.

Der Vater hats Haus neu g'weißt
und 'n Stall a,
jetzt gehts übern Goaßbock her,
halleluja!

Auf d' Alm bin i ganga,
auf der Alm hats mir gfalln,
und aus lauter Freud bin i
in an Kuahdreck neigfalln.

S Diandl hoaßt Nandl,
hat schneaweiße Zahndl,
hat schneaweiße Knia,
grad gsöchn hun is nia.

Auf d' Alm bin i gstiegn,
habs Diandl gfragt ums Liegn,
gar spöttla hats gredt:
sie hätt Flöh drin im Bett.

A Hirsch hat zwoa Gweih,
und a Jaga zwoa Hund,
und mei Diandl hat a Gsichtl
wia a Kugl so rund.

„Was hast denn du gessn,
daß di heit a so dürscht?"
„Beim Wirt gsottne Grilln
und Fledermauswürscht!"

Siebnazwanzg, achtazwanzg,
neunazwanzg, dreißg –
's Diandl muaß Bauchweh habn
weils as so reißt.

Hab a oanzigsmal gjuchzt
da drobn auf der Alm,
und jetzt hab i schon wieda
die Hebamm zum Zahln.

Und mei Vater hat gsagt,
i soll Holz einatragn,
hab ihn unrecht verstandn,
habs Fenster eingschlagn.

Der Pfarra von Grinzing,
der hat an kloanwinzing,
greanlodenen Huat
und der steht eahm guat.

Diandl, i sag das,
halt du di sauber,
aft bist du der Keaschbam
und i da Klauber.

S Diandl is sauber,
vom Fuaß bis zum Kopf,
grad an Hals hats an Dippl,
dös hoaßt ma an Kropf.

Auf unsera Oktoberwiesn
san Ochsn grad gnua,
de oan, de wern bratn,
und de andern schaun zua.

Bei uns auf der Post
san gar freundliche Herrn,
balst zwoamoi fragst,
kost gleich rausgschmissn werdn.

Wann oaner nach Kirchdorf kam,
sieht er nix wia Zwetschgnbam,
is schad, daß so wenig Häuser hat –
sonst wars a Stadt.

Willscht a schians Diandl liabn,
muascht an Pinzga ummi schiabn,
muascht af die Kröpf aufistiahn,
aft sigscht an Tag aufargiahn.

As Diandl is saggrisch stolz
mit ihrem Geld,
wann glei im Kopferl
da Schpiritus fehlt.

Und draußt auf da grean Au
geht a Herr und a Frau,
und a Knecht und a Dirn
de gehn a da spaziern.

Du herzig-liabs Biabal,
leg die eina zu mir,
für des aber, was d' anstellst,
muaßt guatstehn dafür.

Ja, d' Leut, die hams gsehn
und die wissens ganz gwiß:
sie hams haargenau gsehn,
daß 's finster gwen is!

S Diandl hat an Branntweinrausch
und da Bua zwen,
und im Hoamgehn möchtens bußln,
aber koans ku mehr stehn.

Und es bleibt scho beim Altn
und es bleibt scho beim Brauch,
wann der Furz draußn is,
freut sie der Bauch.

Die Goaß hat an Schneida
in d' Lackn gschmissn,
und da hat der arm Toifl
in d' Hosn gschissn.

In der Nacht hab i bempern ghört,
bempern beim Schmied,
und wann i wieder amoi bempern hör,
na bemper i mit.

Der Schimmel hat dimmelt,
er hätt gern a Heu,
der Bua liegt beim Diandl,
er hat nit derweil.

Wart nur, Herr Pfarra,
i werd di scho kriagn,
i tua dir an Possn
und heirat dei Dirn!

Der Oansiedl vom Berg
hat sie narrisch verhaut,
der hat an Pfarra sei Köchin
für an Klausner angschaut.

Und der Ähnl-Ähnl und die Ahnl-Ahnl
tuan Spanl-Spanl zsammklaubn,
nimmt der Ähnl-Ähnl a Spanl-Spanl
und haut d' Ahnl-Ahnl auf d' Haubn.

Und der Littllattl macht a Bettstattl,
ja, der Littllattl hats gmacht,
und der Littllattl hat si einiglegt,
is s mitm Littllattl zsammkracht.

Geh, leich mir dei Gsicht
zum jüngsten Gericht,
daß 'n Teufl derschreck,
sonst bring i 'n nit weg!

S Fegefeuer is ausglöscht worn
und d' Höll hams zuagmacht
da Teifi hat si gach aufghängt
da ham d' Leit glacht.

Aba gestern hamma Mehlknödl ghabt,
die pickn am Gaum,
wann ma wieda Mehlknödl ham,
geh i nit hoam.

Der oa Knödl fangt zum Siadn o,
und der ander Knödl siadt a,
schaut der oa Knödl den andern o,
weils der so schön ko.

Und 's Diandl von Inzing
hats in an Schachterl drin,
rennt d' Straßn auf und ab:
„Buam, kaufts mas ab!“

Zu Sankthausen im Bad
tuat unser Herrgott a Gnad,
und der junge Kaplan
stellt a dort sein Mann.

Znaxt bin i amoi
bei a Steirischen glegn
und die hat mir ihrn Kropf
als a Kopfpolsta gebn.

Gestern hats gschneit
und kalt is im Land,
san ma die Läus dafrorn
unter meim Gwand.

In meim Vatern sei Häusl
da gehts a so um,
da laufn die Mäus
in da Tischladn rum.

Zum Zaun zuawigschmissn
hat mi öfter oana,
aber übern Zaun überi
mei Lebtag koana!

Und jetz wißts es genau,
was bei uns alls geschehn kann;
in koaner Stadt, in koan Land
sans so neuzeitlich drann!

Der oa denkts, der oa moants,
der oa sagts schon für gwiß –
muaß scho doch a so sein,
wanns a nit a so is.

I moa, moant er, wannst moanst,
moanst net a wia i moa
möcht ma moana, moana moant ma glei,
ja wannst moanst, moan i, is nix dabei!

Und da oa mags a so
und da ander a so,
da is mirs scho liaba,
es is a so und nit so.

Wann i a Baua war,
möcht i zwoa Kiah:
di oa müaßt ma Branntwein gebn
und die ander a Bier.

Du himmlischer Vater,
auf der Welt wars wohl fein,
wanns nur amal a halbe Stunde
Schilling tät schneibn.

Mir habn gfochtn und grauft
und a gstohln beizeitn,
a Öchsl, a Rössl
und so Kloanigkeitn.

Hin a so, her a so,
tuan ja wohl mehra so,
warum sollt i alloan
nit a so toan?

Und d' Hosn und d' Joppn
und der Berg und da Grabn
und da Bua und sei Diandl
müassn an Zsammastand habn.

Lustig is auf da Welt:
habn die Herrn a koa Geld,
is für uns a koa Schand,
wann ma koans habnt.

Der Adam hats Liabn aufbracht,
der Noah an Wein,
der David dös Zitherschlagn,
miaßn Steirer gwest sein!

I möcht nur grad wissn,
was andre Leit tan,
daß s' alle so schöne
Wadln hint ham.

Je höher der Berg,
desto besser di Woad,
und je schöna de Diandln,
desto kürza di Pfoad!

Geld hamma gnua,
wia die Frösch Haar,
aber Schulden net mehra
wia vorigs Jahr.

In da Höch hats an Schnee,
drunt im Land hats an Reif,
mei Henn legt koa Oa,
weil is so seltn greif.

Warum 's Erdäpfl gibt,
dös woaß i jetz schon,
daß a der kloa Häuslmann
oan d' Haut aziachn kann.

Und a Schalei Kaffee,
dös hebts Herzei auf d' Höh,
und a Bussei dazua,
dös is guat in da Fruah.

Wenn de Bauern recht tanzn,
na gibts guate Jahr,
wird da Habern schö zottert
und d' Weiba schö schwar.

Mitn Huat in da Hand
kimmt ma weit umanand;
aber mit'n Göldl im Sack,
hast mitn Huat na koa Plag.

A Automobil
is a Automobil,
ma kann sagn, was ma will –
es is a Automobil.

A Veloziped
is a Wagn, der nit steht,
und a Wagn, der nit steht –
is a Veloziped.

Ja, 's gibt allerhand Maschina:
di oa drischt, die oa saat,
jetz brauch ma grad no oane,
wo die Steuern zahln tat.

Lustig und kreuzfidel,
hoam gemma a nit schnell,
hoam gemma in der friah,
und dort nur adia.

Und hin übern Tauern
und her übers Joch,
dort sieg i an Schneider
im Maulwurf sein Loch.

Auf der Welt lustig sein,
dös is koa Sünd,
und der Petrus sperrt auf,
wenn a frischer Bua kimmt.

Herz Unter, Herz Ober,
Herz Neuner, Herz Bua,
wer tuat mir denn melkn,
wenn i heiraten tua?

Den Teufl hab i gsehn,
aber dem hab i 's draht,
habs Schwanzl ausgrissen
und 's Löcherl zuagnaht.

Die Köchin in der Kuchl
tuat Zieger knetn,
und der Bauer in der Hennsteign
tuat Henna zertretn.

Hirassa, Harassa,
blessate Kuah,
du bayrischer Hiasl,
mach dein Mund endlich zua.

Der Prettauer Haglmoar
is a lebfrischer Bua,
er tuat bei der Hennensteign
die Tür auf und zua.

Früher hams koa Uhr net braucht,
die altn Manda:
habn in d' Mistlackn einigschaut
und san essn ganga.

Und d' Welt ghört an Herrgott,
und 's Diandl ghört mei,
und 's Geld, dös geht drauf,
und der Rausch, der geht drei.

I woaß nit, i hab
mit da Arbeit koa Freid,
denn grad mit da Arbeit
versäumt ma die Zeit.

Da Toifl und da Tod
san oiwei in Stritt,
weil da Toifl a Schwanzl hat
und da Tod nit.

Und a Floh und a Fliagn,
die san nit zum Kriagn,
aber a Fliagn und an Floh,
die kriagt ma halt do!

Is ’s Löchl a no so klei,
der Nagel muaß nei, muaß nei,
sonst hebt der Nagel schlecht
und nit, wia ma möcht.

Tua langsam, tua langsam,
tua nit a so gschwind!
Wia ma Knödl tuat machn,
dös woaß a jeds Kind!

Der Pfarra und da Hund
verdeanas Brot mitm Mund,
die Soldaten aufm Marsch
und da Schreiber mitm – Kopf.

Und da Hund hat leicht z’wackln
mitm Schwoaf hi und her
weil da Schwoaf des halt net so ko,
is eahm da Hund ja viel z’schwer.

Zuerst hab i gar nix ghabt,
koa Geld und koa Gwand,
heuer hab i Fleach und Läus,
alls beieinand.

Fein hüatn, fein haltn,
net einitappn:
es steckt oft a Fuchs
in a Zipflkappn!

Und singen und tanzn
hat mi gar allweil gfreit,
gehn die Geiglan recht hell,
habn die Diandln mehr Schneid.

Sechsazwanzg Kreuza,
a Fliagn und a Schneida,
a Goaß und a Bock
is grad a halbs Schock.

N Schnee an da Sunna dörrn,
an Wind in an Kastn sperrn,
an Madl 's Treusein lehrn:
dös tat i gern.

Knödl san fürn Hunga,
fürn Durscht is da Brunn
und da Mondschein zum Gernhabn,
zu der Arbeit die Sunn.

Da Pfarra macht d' Predigt
da Metzga macht Wurscht,
da Glaubn, der macht selig,
und da Haring macht Durscht.

Von Peterwardein
können nit alle Leut sein,
es muaß wohl no meinetwegn
von anderschther a oa gebn.

Trink ma nu a Süppl,
wie des letzte oans war,
wo koa Salz und koa Schmalz
und koa Mehl dabei war.

Unds Zillachtal is koa Tal,
is lei a Grabn,
scheane Menschn san drinn,
grad heraust müaßt mas habn.

Und 's Salz is koa Zucker,
und sauer net süaß,
und koa Betnoggn mag i net,
die hat kalte Füaß.

Da Oa füttert Habern,
da Oa füttert Heu,
da Oa zahlt an Diandl,
da Oa liegt dabei.

Und „a wohl" und „wohl a",
und „a nit" und „nit a"
und „a so" und „so a"
ja, s is scho wahr a!

Wär der Kirchturm a Maßkrug,
und war voller Bier,
dann trinkat i nu a Halbe
oder drei oder vier.

Wann i tat, wia ma tuat,
und a so tuan tat,
na tat i tuan, wia oana tat,
der so tuat, wie wann er tat.

Und a Stadtmadl und a Bauernmadl
kennt ma leicht vonanand:
die oan, die ham Hosn u
und die andern gehn blank.

Und 's Gamserl im Gwänd
hat an Arsch, an weißn,
wie d' Madln am Samstag,
wenns d' Pfoad wegschmeißn.

A diamal a bissl lustig sein,
a diamal a bissl betn,
aft woaß inser Herrgott scho
wia mas gern hättn.

Tat ma d' Dummheit versteuern
na hätt ma gnuag Geld,
es gibt ja nix Dümmers
als d' Leit auf da Welt.

Wenn du so schea Zither spielst,
mei liaber Bua,
aft woaß i, daß die Engl
obn tanzn dazua.

Und a Kaibikettn und a Kuahkettn
muaß i kaufn gehn gehn,
's kann koa Kaibi und koa Kuah
net ungkettet stehn.

Der Wein drunt im Keller
geht aufa nit selber,
aber a lebfrischer Bua
steigt schon runter dazua.

Es kimmt nur drauf an,
wia ma d Umständ grad nimmt;
„Ja, ja Bua“, sagts Diandl,
„wenn ma nit selber nei kimmt.“

Wann die Wänd Plenten warn
und der Bach Milch möcht gebn
und buttern und kasen tat –
dös war a Lebn!

S Vögal hat a Kröpfl
und da singts halt damit,
mei Diandl hat a oans,
aber singen kanns nit.

Und da Löffl ghört zum Essen
und d' Mistgabel in Stall,
und wer des verwechselt,
der merkt 's scho diamal.

I und mein Rausch
machen öfter an Tausch,
bald hun an Rausch i,
und halb hat der Rausch mi.

Wennst in Himml willst kemma,
muaßt dir Krapfn mitnehma,
denn in Himml rauf is weit
und koa Haus weit und breit.

Wennst in Himml willst kemma,
muaßt a Schneiztuach mitnehma,
denn im Himml wars a Schand
wannst di schneizst mit da Hand.

Wenn i geh, geh i schnell,
wenn i sing, sing i hell,
wenn i jauchz, gibts an Hall
zu mein Diandl ins Tal.

Wennst in Himml willst kemma,
muaßt Handschuach mitnehma,
denn im Himmi is kalt,
weil der Schnee abifallt.

Wennst in Himml willst kemma,
muaßt a Zeitung mitnehma,
denn im Himml habns es gern,
wann s' eppas Neus amal hörn.

Wennst in Himmi willst kemma,
derfst koa Madl mitnehma,
denn da drobn derfs nit gschehn,
was herunt geht so schen.

Wenn der Petrus mei Vater war,
und der Herrgott mei Göd,
in Himmi müaßt i kemma,
obst a 's glabst oder net.

Beim Nachbarn vorm Haus
steht a Baum voller Birn,
sind die Weiber im Bett,
gehn die Manderleut stiern.

A Spitzbua is der,
wo an Bauern veracht' –
wann koa Baua nit war
wurad koa Acker nit gmacht.

Alls, was an Anfang hat,
hat a a End,
nur grad die Kreuzerwürscht
ham zwoamal an End.

Wanns Nacht is, gemma schlafn,
bals Tag is, stehn ma auf,
wanns kocht is, gemma essn,
und wanns gar is, hörn ma auf.

Lustig und kreuzfidel,
hoam gemma nit so schnell,
hoam gemma morgn ad Früah
oder gar nia!

Hast an Juhschroa im Herzn,
nur außa damit!
Graunzt hat die Welt gnua,
aber gejuchazt no nit!

Spielleut, spielts auf!
Und mir werdn Enk scho zahln,
wanns Geld nimmer gleckt,
schneidn ma d' Hosnknöpf weg.

Ja lustig in Ehrn
hat der liabe Gott gern,
mit die traurign Leit
hat a der Toifl koa Freid.

Hätt mi nix a so gfreut,
als daß i gar koa Geld hab,
da nimmt mir koa König
und koa Kaiser was ab.

Juchhu und juchhe,
weil ma 's Leben no habn!
Seids lustig, wir kemma
so jung nimma zsamm!

Spielleit, geigts auf
mit da großn Soatn
sinst kann i mein Trampltier
net derloatn.

Juchheirassassa,
weil mas Lebn no ham!
So zünftig wia heint
kemma ma do nimma zsamm!

Und wann i meine Kreuzer
im Wirtshaus verschwendt,
na brauch i koa Schreibpapier
zu meim Testament.

Beim Wiascht in da großn Stubn
tanzen zwoa Bauernbuam –
Mei Gott: wia schen, wia schen
tanzn die Zwen!

Ja 's Bier is guat trinkn,
und da Branntwein is süaß,
wenn ma d' Stiefl versaufn,
bleibn uns allweil nu d' Füaß.

Und lustig mir Buama,
mir fahrn auf der Achs,
mir liabn schöne Diandln,
und nit a dürrs Gwachs!

Bei uns da herinn,
geht a schneidiger Wind,
gell, Buam, dös wißts wohl,
wo der Geldbeutl brinnt.

Bin a lustiger Bua,
laß 'm Toifl koa Ruah,
und die Englan im Himmel,
die lachn dazua.

Ja, s gibt allerhand Maschina:
die oa drischt, die oa saat,
jetz brauch ma grad no oane,
wo die Steuern zahln tat.

I woaß nit, i hab
mit da Arbeit koa Freid,
denn grad mit da Arbeit
versäumt ma die Zeit.

Mei Vata is a Parasolmacha
und a Musimacha is er a,
wann eahm 's Parasolmachn nimma freit,
tuat er Musi machn für d' Leit.

A alte Jungfrau und a Kuahfleisch,
wann mas aufhängt im Rach,
magst es nu so lang selchn,
bleibt allaweil zach.

A kreuzlustiger Bua
kimmt allweil in Himmi,
und jetzt wird er versoffn,
mein Vatern sei Schimmi!

Gelbe Hennsteign, grüne Hahnbam,
wenn i reich wär, wär i u'gnahm,
wenn i reich wär, wär i doch schön,
wär i gelb oder grün.

Schea grean is mei Huat,
brennhoaß mei roats Bluat!
Kann nix als wia tanzn,
aba dös kann i guat!

Da Pfarra macht d' Predigt,
da Metzga macht d' Wurscht,
da Glaubn, der macht selig,
und da Hering macht Durscht.

A Henn und a Ant
und a Blechmusikant
und Holzschuach, a zween:
ja die Musi tuat schön.

Und i und mei Rausch,
mir lebn auf Tausch:
den Rausch, den hab i,
und der Rausch, der hat mi.

Tat ma d' Dummheit versteuern
dann hätt ma gnuag Geld,
es gibt ja nix Dümmers
als d' Leut auf der Welt.

Buama, seids lustig,
laßts Bierkriagl schnalln,
der im Wald drauß die Taxn frißt,
der werds scho zahln!

Und d' Hosn is z'rissn,
voll Löcher san d' Schuah,
aber Diandln, de kriagt ma
nu alleweil gnua.

Wia da Wirt, so is Bier,
des er ausschenken tuat:
is a freundli, is schlecht,
is er grob, na is guat.

D' Sennrin is grantig,
a was werd dös liegn?
De is heit beim Aufstehn
in an Kuahdreck 'neigstiegn.

S Bettstattl is kloa,
muaß drin schlafn alloa,
aber kummat mei Schatz,
hätt ma alle zwoa Platz.

Wann i sing, sing i hell,
wann i geh, geh i schnell,
wann i sonst koa Freid han,
schau i mei Schulzeugnis an.

Heiratn tua i nit,
steht mir nit an,
beim Buam is viel bessa liegn
als bei an Mann.

Und mei Muatta hat gsagt,
i soll mi lustig macha,
wanns Oargeld nimma langt,
schickt sie 's Schmalzgeld nacha.

Wenns in Himml willst kemma,
muaßt a Schneiztuach mitnemma,
denn im Himml wars a Schand,
wannst di schneizt mit da Hand.

Jetz wars zum Hoamgehn Zeit,
's Hoamgehn is nia mei Freid,
hoam geh i scho –
aba jetza net no!

Sechsadreißg Samstaggschnachts,
kua Bua geaht dir zua,
iatz flickt s' ihr an Kittlschlitz
auf und auf zua.

Wennst in Himmi willst kemma,
muaßt a Zeitung mitnemma,
denn im Himmi habn s' es gern,
wenn s' amoi eppas Neus hörn.

Du moanscht, du bischt schean,
aber gar koa bissal,
hast a aufdrahte Nasn,
wia a Himmischlissal.

S Geld is gar, da Rausch is da,
liegt uns nix dran,
weil uns auf dera Welt
nix scheniern kann!

Und lustig wir Altn,
hams Gsicht voller Faltn,
am Kopf de graun Haar,
jetzt san s' gar, de schean Jahr!

Wenn der Fuchs Baumwoll spinnt
und der Inn hinaufrinnt,
Sunn und Mond untergeahn,
aft liab i di gschwind.

Wenn i sing, sing i hell,
wenn i geh, geh i schnell,
wenn i sonst koa Freid han,
schau i mei Schulzeugnis an.

S landlerisch Tanzn
und ’s Gatterlschliafn,
des hat ma mei Diandl
erst lerna miassn!

Und wenn d’ epper moanst,
die Gstanzln warn gar,
aft hätt i im Hosensack
a no a paar.

Der Öpfl is rosnroat,
einwendig faul,
die Mandl senn grad a so,
’s Beste is Maul.

An Sunntag is Kirchtag,
dös woaß i ganz gwiß,
da frag i mein Vata,
wo da Geldscheißa is.

Du bist a scheans Biabal,
du tuast mir scho gfalln:
Der Toifl hat di gschnitzt
und der Luzifer gmaln.

S letzte Gstanzl is gsunga,
hat si singa lassn,
wer im Kruag no a Bier hat,
soll mi trinkn lassn!

Die Katze fang Mäus,
und die Kathl hat Läus,
liabe Katzn, laßts Mausn,
gehts die Moidl alausn!

S Diandl hats Waschn ungricht,
iatz is voll Aschn an Gsicht,
und sie kunns gar nit glaubn,
sie is voller Faum.

Znaxt hamma ghabt:
Roatsattlsabigänsschnabelbratlwürscht,
und auf die
Roatsattlsabigänsschnabelbratlwürscht,
Bua, da hat uns dürscht!

A Platzl für eigene Gstanzln:

Über Steirer, Wiener, Schweizer, Tiroler Bayern, Schwaben, und andere Landsleut'

Bald bin i a Steirer,
bald gar a Wianer,
bald bin i ban Diandl
da Kummadianer.

Z' Kundl in Ofen
tuan s' Lappen bach'n,
oan außer, oan eini,
wolln s' g'scheider mach'n.

Und im Jenbacher Dörfl
da moanen sie's rar,
hab'n ausg'schnitt'ne Schuach,
und 'n Geldbeutl lar.

Z' Thaur unt'n is a Bauer unt'n,
hat an' oanzige Henn,
die sollt' alle Tag leg'n,
hat 's Löchl viel z'eng.

Der Wiesinger Bichl,
geht rings umadum,
die Dirndln tuan tanzen,
koa Fürtuach hab'n s' um.

Lustig sein mir Pusterer Buib'n,
mir tanzen auf ei'm Fuiße,
die ganze Woch' a Frigelesupp',
Sunntigs a habernes Muiße.

Sein lustige Bueb'n
mit kreuzbraven Sinn
und viel schöne Diendln
im Kärntnerland drin.

Im Lesachtal auf und ab
seint frische Leut'
hamt auf'n Huet Federn,
seint untern Huet g'scheidt.

Das Klagenfurter G'läut,
das hört ma gar weit,
wer' traurig wohl wer'n,
wann i's niamer wer' hör'n.

An ehrlichs Geblüet
und an aufrichtigs G'müet
und a Herzerl, a treus,
das is d' Salzburger Weis.

N Salzburger Landl
lebst überall schön,
du därfst singa, därfst schnaggl'n
auf 's Gassl därfst gehn.

Z' Salzburg und z' Niederalm
la' i ma' d' Menscha g'falln,
aber en Halla ob'n,
da habmt s' koan' Bod'n.

Im Gasteiner Tal,
wo der Bach außer rinnt,
wer'n die dummen Leut' g'scheidt
und die langsamen g'schwind.

Hopsasa lustig!
Is steirischer Brauch:
An' haaranen Sterz
und a Schwammsupp'n drauf.

A steirisches G'wandl,
a tirolerischer Huet
und a karntnerisch Diendle
is für 's Herzklopfen guet.

Wie machet d' Appezeller Maideli de Chäs?
Sie tuent 'n in as Chübeli
und druckent mit dem Füdeli,
drum ist der Chäs so räß.

Z' Appezell ond z' Herisau
sönd die Mädla wohlfel;
ma ged e ganzes Hüsli voll
för e Schözli Polver.

Z' Appezell und z' Herisau
und hindere bis ge Tüfe
wenn oana a rechte Bäkler ist,
so heat er a oagne Pfife.

Und lustig, ihr Bueba,
Tiroler hand Kröpf',
sie trägid's über d'Achsla,
wie d' Bettler die Säck.

Die Madl und Buebn
sein allweil in Stritt,
die Madln wöll'n boarisch sein,
die Buebn aber nit.

Und wenn i a Vogel war,
kunnt i auffliagn,
da flug i 's Tal aus und ein,
Menscher vexier'n.

Kimm her von der Vintl,
hab a Köpfl wia a Hündl,
a Göschl wia a Goaß,
jetzt rat, wia i hoaß.

Von Salzburg auf 'n Ursprung
sein drei kloane Stund,
da han i mein' Schatz vertauscht
für an' kloan Hund.

Aalberisch Hüetl,
a baierisch Mieder,
a baierisch Diendl,
kriegt nit a ieder.

Beim Nachbarn vorm Haus
tuan sie Fröschlan derschlagn,
und der Nachbar geht außer
die Boandln zsammtragn.

Zu Ebbs drunt die Diandln
senn alle zaundürr,
aber es kemma do koane
scheanern nit für.

Und die Buachberger Diandln
habn a Briafl mir gschriebn,
sie brauchatn etliche
Buama zum Liabn.

Und beim Nachbarn vor der Tür
ist a zacher Wasn,
da darf halt koa loadiger
Bua zuachagrasn.

Am Harberg is a Buxbam
aufn Bichl die Schneid,
und im Dörfl habn die Diandln
die Haxn auf der Seit.

Und die Steirer hend Leirer,
tanzn ban Diandl ums Bett,
aber die Zillachtalar hend die gscheitern,
habn si drzua eichnglegt.

In Straß, dem kloan Dörfl,
gehn die Weg in die Reibn,
und der frischeste Bua
ist beim Schlutzkrapfen treibn.

Innern Grüngatterl,
da is a spears Brot,
da liegn die Mäuse
in der Tischlade tot.

Und z' Wiesing vorn Haus
steht a Kübl voll Fleach,
wenn die Lies außageht,
hupfns alle ad Hech.

Im Alpbachtal drin
gehn die Weg a die Reibn,
da senn die schean Diandln
ban Kniakiachl treibn.

Z' Wiesing und z' Reith
habn sie alls auf der Seit,
und an Grün und an Gschwendt
habn sie 's nu weiter ent.

Z' Keiler und z' Fankhaus
ziachn sie 's Heiratn lang aus,
wer hats denn dort gmoant,
daß dort nu amoi gruant.

Zwoa Rabn und zwoa Ruabn
und zwoa Bruckerer Buam,
und das ist halt a Rass,
daß der Teufel nit fraß.

Z' Uderns vor der Tür
is a Schnittlauchgartl,
und 's frischigste Madl
hat a Ratzenbartl.

An Unterland untn
is a Böckl verreckt,
und an Oberland obn
habn sie 's Beital aufgsteckt.

Beim Nachbarn sein Haus
habn sie gmoant es is a Maus,
derweil steigt der Jörg
bei der Nacht ein und aus.

Auf der Point senn aufn Dach
alles rote Plattn,
die Melcher sind dreckig
und die Küah voll Klattn.

Z' Hippach de Wurzl,
und z' Bruck ist der Stamm,
und in Schwendberg der Gipfel,
fallt a nit leicht um.

An Gernkar ba der Tür
senn lederne Schnalln,
die Buamen sind Lappen
und die Diandl senn Dralln.

Beim Nachbarn vor der Haustür
hängt a Rotzklachl dran,
für ’n Nachbarn, wenn er hoamkimmt,
daß er anlehnen kann.

Z’ Pangartn vor der Tür
senn sie beim Zieger knetn,
und den frischestn Melcher
habn die Kälber dertretn.

Z’ Hart ist der Hagmoar,
z’ Fügen die Schneid,
und z’ Schlitters hat der Pfister
den Kropf auf der Seit.

An Hartberg, da is halt
grad oa frischer Bua,
der sitzt auf der Hennsteig,
schiebts Luck auf und zua.

Von der Hartberger Alm
hört man nit viel schöns redn,
weils ganze Regiment muaß
von Pfifferling lebn.

Horberg is Moarberg
für Viech und für Leut,
wenns Küahlal nit sticht,
hat der Melcher a Schneid.

Horberg is Moarberg,
beim Gatterl is Mark,
und wer da aus- und eingeht,
wird schneidig und stark.

An Horberg vor der Tür
is a goldener Wasn,
da laßn uns die Unterberger
nit zuachigrasn.

Beim Nachbarn vor der Tür
is a eiserne Schnalln,
hockt die Nachbarin davor,
wia a eingfatschte Dralln.

Beim Angerer gehn sie aussa,
beim Sunnleitn gehn sie vür,
beim Hoppet schaun sie aussa
kohlschwarz und zaundürr.

Und wenn auf der Alm
der Holler im Blüah,
habn die Melcher schon a a Schneid
nit nur die Küah.

Und lustig is gwesn
an Jaggistag z' Alm,
is a ganz a kloans Melcherl
an Juttenfaß gfalln.

In Gschwend bei dem Gatterl
steht a lärchene Säul,
und a bissal a Buamaschneid
brauchts alleweil.

Auf der Alm vor der Tür
is a zirbener Stock,
sitzt a Melcher davor
wia a zottiger Bock.

Vom Unterland auffa
a lebfrischer Bua,
a Schneidfeder aufn Huat
daß grad wedeln so tuat.

Z' Zell drinn beim Wirt
hat die Kellnerin gstiert,
der Wirt is mit ihr gfahrn,
sie wird wohl aufgnommen habn.

Drobn auf der Bachleralm,
senn sie a nit weit her,
die Butter verkaufn
und die Brennsuppn her.

Iatz habn s' ins einergschriebn
die Innsbrugger Herrn,
wir derfn nimmer as Gaßl gehn
ohne Latern.

Wenn die Hoanznberger kemmen,
dann rumpeln die Stoan,
denn a Schneid hat a jeder
ob groß oder kloan.

Iatz habn wir halt gschriebn,
an Innsbrugger Herrn,
mir nemmen des Schnapsglas
zu a Latern.

Die Reichn und die Schian
kemmen alle von Wian,
aber die Schiachn und 's Glump
kimmt von Schwaz und von Vump.

Im Tal hat's a Schneeal gschniebn
bis an die Knia,
aber am Berg, da is aper bliebn,
dös woaß i nu nia.

An Sidannargrabn
rinnts Wassal koatig,
und die Sidannar Diandln
hend alle noatig.

Die Sidanner Melcher
habn blaue Latz un,
habn grüne Kappln auf und
an Dreckpatzen drun.

An Sidannargrabn
tuats Kübal bum, bum,
is der Kaser a Spitzbua
und der Melcher a Lump.

A der Sidann auf der Lusche
stehn drei hohe Lindn,
sind die Schaftnheiar obn
beim Fleache schindn.

Vom Unterland auffer,
so an Haggn, an krumpn,
der mecht mit mein Diandl
umananderlumpn.

An Unterland untn,
hams an Hagmoar, an noin,
wenn zwoa Tag schön Wetter war,
dann fraßatn eahm die Floign.

Und die Schaftnheiar Melcher
ham gar koa Pfandl,
müaßn kochn in a Schüssel
ihr Semmelmandl.

Z' Unterberg ban Hüttnen,
da semma halt für,
hocken die Unterberger Melcher,
grüngelb und zaundürr.

Z' Unterberg obn
is a Vögerl vürgflogn,
sind die Melcher stinkfaul
und die Putzer verlogn.

Und lustig mia Bodna,
mia trinken an Wein
und lassen die andern
die Rotzlecker sein.

Im Kranzara Dörfl
waht a Wind, a woacha,
und die Kranzara Büabln,
sind Hosensoacha.

Sind lustig wir Karner,
was leg ma denn auf?
An Grattn voll Kinder,
und an Krummschnabel drauf.

Mia Söllandla, mia,
mia sann rechte Stier,
wenn sonst will niemand raffn,
dann raffn halt mia.

Von Zillertal außa,
a lebfrischer Bua,
hab a Truch voller Schneid,
bring den Deckel nit zua.

Bei d' Spielleit zuawi,
da is mei Platz,
geh nit aus ohne Schneid,
und nit hoam ohne Kratz'.

Tua nit so viel singen,
tua nit so viel sagn,
du traust di koa Henn'
aus der Steig'n außer z' jagn.

Die Schwendter Dei Dei,
ham kloane Heisei,
schaun außa beim Giggal,
wia d' Fledermäusei.

Die Schwendter, wenn s' läuten,
dann naggelt der Turm,
wenn s' noch einmal läuten,
dann kugelt er um.

San d' Kössner und Schwendter,
dös laßt sich glei hörn,
wenn die Kössner nit mittuan,
tuan Schwendter glei rearn.

Kössen zu a Hoamat,
Schwendt zu a Alm,
Kirchdorf zu a Strohhüttn,
dös lassat i mir gfalln.

Die Waidringer geng, geng,
ham koa Troad auf'm Tenn,
is dös Buchenlaub ihr Geld,
oh, elends Stück Welt.

Der Pfarrer von Reith,
hat den Kropf auf der Seit,
der Pfarrer von Schwendt
hatn nu weiter ent,
der Pfarrer von Kössen
hatn ganz vergessen.

Und die Weana Menscha,
das hend schiane Menscha,
a der Mittn habns a Schnalln,
und voraufi habns die Wintafenschta,
wer sie einschlagt,
muaß sie zahln.

Kössener Nebelschlucker,
Schwendter Stieglhupfer,
Kirchdorfer Goaßbeer,
Waidringer Laubleer.

Geh her, wennst di traust,
i zoag dir mei Faust,
wenn i nu so kloa bi,
bin i Herr über di.

A doppelte Nuß,
hat an zweifachen Kern,
Bua, wenn du di traust,
tua i di außerbegehrn.

Heut hab i a kloans Federl
aufn Huat aufigsteckt,
daß 's die bessern Buam loadigt
und die schlechtern erschreckt.

In Stumm drinn senn Glögglan,
daß 'n Kirchturm umbiegt,
senn 3.000 Seelen,
is der Hagmoar a Dieb.

Beim Nachbarn sein Haus,
senn gar koane Stiagn,
da müassn s' den Nachbarn
mit an Zwirn auffiziagn.

Beim Nachbarn vor der Tür
lehnt a lange Loatr,
der Nachbar is koa Bua nit,
is a Hosensoachr.

Beim Nachbarn vor der Tür
is a großer Brunn,
da tanzt die Nachbarin,
de Dralle, drum.

Und z' Obing vor der Tür,
liegt a mortialischer Stock,
steht der Obinger davor,
wia a grintiger Bock.

A frischer Bua bin i,
beim Sandneggar z' Alm,
mit zwanzg Küahin stechen lassn,
dann wärns erst die halbn.

Zu Kröss und z' Pigneid
ham die Melcher a Schneid,
habn die Hüter a Feld
und der Kaser a Geld.

Aufn Berg Isel,
da steht a kloans Haus,
da schaugn drei Diandln
ban Fenster heraus.

Die easchte hat Schwindsucht,
die zwoate hat Leis,
die dritte hat Gelbsucht
und werd nimma weiß.

Aufn Berg Isel
da steht a Soldat,
der traut si nit aba,
weil er ad Hos gschissn hat.

Hinterm Berg Isel
da steht a Gerüst,
da werden die Mädchen
elektrisch geküßt.

Mei Vater is Bauer,
hat 35 Küah,
muaß allweil Heu kaufn,
aber Geld leichn nia.

Beim Nachbarn vor der Tür
steht a hoache Lindn,
hockt Veitl davor,
und is beim Fleache schindn.

A saubere Koscht is
beim Hölbinger untn,
da habn sie a Roß gar
im Rahmmuas drein gfundn.

Und z' Einberg vor der Tür
is a larchene Seit,
und die Buam habn dort allweil
a bissl a Schneid.

Die Schwendberger Buam,
de sitzn beim Bach,
habn s' Lullerl im Maul
und die Putzwindl an Ach.

Und innern Grüngatterl
scheint die Sonn übers Dach,
und der frischeste Bua
ziagt den Rotzklachl nach.

Mei Vater hats Heu verkauft
und die Küah a,
iatz gehts übern Goaßbock los,
hallelujah.

Mei Göd und mei God
senn zwoa kreuzarme Leut,
sie flicken sich d' Hosen
mit Erdäpfelhäut.

Wenn der Winter recht kalt ist,
wird der Sommer recht warm,
wenn der Vater nit recht haust,
werdn die Kinder gern arm.

Mei Vater hat a Haus,
ohne Fenster und ohne Tür,
und beim ganz größten Loch
schoppt er an Geldbeutl für.

Mei Muatter kocht Straubn,
und sie laßt mi nit schaun,
und iatz gibts mir an Brocken
zum Hendl zsammlockn.

Mei Vater hat gsagt
und iatz bleibst amoi z' Haus!
Ja, ja, hun i gsagt
und bin bei der Tür hinten aus.

Mei Vater is Bauer,
und Ochsn hat er oan,
und wenn i nit zhaus bin,
dann hat er gar koan.

Mei Muatter hat mi früah aufgweckt,
heit is dös Kirchweihfest,
aber ohne Geld und Schneid,
da geht ma nit weit.

Auf'n Heibod'n liegt a Mensch obn,
war's a schene, war i längst obn,
weils a schiache is, is s' ma imma g'wiß,
weil's am Heibodn obn is.

Buama, steht's z'samm im Kroas,
i sag enk, was is woaß,
zündt's enk a Pfeiffal o,
wer raucha ko.

A Platzl für eigene Gstanzln:

Vom Singen, Tanzen und Spielen

Spielleut, spielts auf
und laßts euch nit stiarn,
iatz kimmt dann der Knecht daher
und a die Dirn.

Heuer is nit feacht,
hat die Welt sich verkehrt,
weil man koan frischen Buam
halt singen mehr heart.

Spielleut, machts auf,
ös werds schon was kriagn,
sonst laß i euch an Hafn
voll Erdäpfl siadn.

Spielleut, machts auf,
bei der mittlern Soatn,
i hab soviel a feins Diandl
kanns nit derboatn.

Spielmann habn mir an nettn,
über die Boan hat er a Fettn,
um den Bauch hat er die Schmear,
was willst denn nu mehr?

Zum Singen koa Stimm
und zum Tanzen koa Schmiß,
zum Arbeiten zu faul
und zum Hinwerden z' frisch.

Am Sonntag is Kirchtag
versauf' i mei' Geld,
steig aufi in Himmel,
schaug acher auf d' Welt.

A lustiger Bua
bin i's allweil g'wes'n,
auf'n Wirt seiner Tür
kann man's aberles'n.

Lustig macht durstig,
macht 'n Geldbeutel lar,
wenn decht mei Geldbeutl
a Kälberkuah war'.

Und a frischer Bua bin i,
wias Blümerl am Feld,
wenn die Metzgerleut tanzen,
kriagn die Spielleut koa Geld.

Spielleut, spielts auf
und spart s nit an Kolophon,
sonst schmeiß ma enk aussi
und soachn enk un.

Spielleut, machts auf,
es darf euch nit roin,
um oans oder zwoa
kriagts an Salat mit Floign.

Grad oa Bua tuat singen,
grad der macht an Lärm,
i woaß nit, is Äpfelmus,
oder is Germ.

Fürn Spielmann zwoa Sechser
is a nit gar viel,
wenn a andrer Bua mehr gibt,
dann bin i schon still.

Zum Spielleut auszahln
hab i 's Geld vergessn,
aber zuhaus bei mein Hausbrot
könnts aberfressn.

In Spielmann an Sechsa,
der Kellnerin an Guldn,
mein Diandl a Bussal,
dös san meine Schuldn.

Und Spielmann, mach mir oan auf,
mir und der Kloan,
und sie is mir verteufelt recht,
dös wirst nit moan.

Und Spielmann mach mir oan auf
mit der mittlern Soatn,
daß die Betttiacha tanzen
mit die nassen Pfoatn.

Spinnwebn und Ranzenfleisch
war mir die liabste Speis,
Grenaggn und Zwiebel drauf,
Spielleut, machts auf!

Iatz hätt er oans gsungen,
der dicke Zapfn,
der wär mir grad recht
zu an Frühstückskrapfen.

A richtiger Kirchtag,
der dauert bis zum Erchtag,
und fehlts nit am Koch,
dauert er die ganze Woch.

Obn auf der Tenn
liegn Hobelschoatn;
und wia lang mias ma nu
auf a Gsangl boatn?

Iatz hat er oans gsungen,
der lange Roagar,
der wär mir grad recht
zu an Minutenzoager.

Der oane spielt Zither,
der andre spielt Geign,
und iatz will mir da Huhn
ba da Henn nimma bleibn.

Iatz hat er oans gsungen,
der Mausgaglbua,
iatz is er mir entrunnen
ins Mausloch schnell zua.

Iatz soll i oans singen,
und wenn i koans kann,
sing i oans von den Hennen
dann packt mi der Hahn.

Iatz hat er oans gsungen,
hoaßt nit Hans und nit Much,
hatt die Hennsteign aufn Buggl
und nit in der Kuch.

Iatz soll i oans singen,
und wenn i koans woaß,
und sing i 's vom Bock,
dann kränkt sich die Goaß.

Iatz hat er oans gsungen,
habs gar nit derkennt,
a kupferne Nasn
und blecherne Zähn.

Singts nur Buam, singts nur Buam,
mögts euch schon traun,
a Vogel sing a adiam
drinn in der Staudn.

Wenn i und mei Vater
die Kreuzer zsammlegn,
dann werdn wir uns an Luller
ja doch noch vermögn.

Iatz hat er oans gsungen,
geht gar nit im Reim,
wenn er noch amal oans singt,
dann geht er ganz aus'm Leim.

Allweil nur singen
und gar nia auszahln,
das kommt mir grad vor,
wia das Sägemehlmahln.

Singst du oans, sing i zwoa,
singst du drei, sing i vier,
die ganze Nacht ansingen
tat i mit dir.

Iatz hat er oans gsungen,
hats Maul aufgrissn,
is a Krah vorbeig'flogn,
hat ihm einigsch.....

Singen, das is mei Freud,
singen tuan mehrer Leut,
wer sich Koans singen traut,
der hat koa Schneid.

Gestern hab i singen ghört,
hab gmoant, es is a Vogl,
gwesen ist die Kloandirn dann,
dös is a Gogl.

Und allweil nur singen
mit a weitn Goschn,
kämst leicht aus und ein
mit an Kaminkehrerboschn.

Und alleweil singen,
und gar nia nix Neus,
das kimmt mir grad vor
als wia Kuhtuttnhois.

Da obn auf dem Eck
sitzt a Rapp auf an Reis,
und der kohlschwarze Singer
wird gar nimmer weiß.

Und allweil nur singen
und gar nia nix kriagn,
das hoaßt man in Ginzling drein,
Arschlöcher siadn.

Wer singt, der is lustig,
wer schnagglt, is frisch,
wer nix tuat, is loadig,
der ghört eini unterm Tisch.

Und gar so schön singen
hab i mei Lebtag nia gheascht,
als hätt' draußen auf der Au
a Esel so g'rearscht.

Iatz hat er oans gsungen,
die gelbe Latern,
wenn er noch einmal singt,
könnt er noch gelber werdn.

Geh, laß doch dein Singen,
geh, laß doch dein G'föpp,
du hast ja die Bruthenn
beim Schwanz nit derhebt.

Zum Tanzln ansingen,
kannst mi nit dergründen,
hab an Knäuel im Sack
und kanns abawinden.

Tua nit a so foppn,
tua nit a so schrein,
das kann i auf die Länge
bald nimmer derleidn.

Iatz hat er oans gsungen,
sei Nasn glänzt wia a Lack,
wenn dort a Floh ausrutscht,
bricht er sich 's G'nack.

Iatz is amoi aus
und iatz is amoi guat,
und iatz gehn mir glei schaun,
wia das Hagmoarsein tuat.

Zum Tanzln ansingen
mag mir koaner u',
kann sechsadreißgtausend
und nu a Milliun.

Iatz hat er oans gsungen,
der hat an schean Kopf,
der passet halt nett
für an Abortdeckelknopf.

Das Gsangl is gsungen,
hat sich singen lassn,
wenns im Glasl an Schnaps drinn habs,
könnts mi trinken lassn.

Iatz hat er oans gsungen,
der Tiggltaggl,
a Stimm und a Weis
wia a Tuttnfackl.

Hin übern Gigitzar,
her übern Zaun,
die andern habn a Tänzerin
und i hab an Gstraun.

Iatz hat er oans gsungen,
man hats nit vernommen,
dann hat er sich selbm
bei der Nasn g'nommen.

Auf der boarischen Schanz
hab i a amoi tanzt,
und im Kaiser sein Saal
tanz i a nu amal.

Iatz hat er oans gsungen,
iatz hat er sich traut,
iatz hat schon der Hagmoar
bei der Tür einergschaut.

A Schneeal hats gschniebn,
auf mei Lämmerfutter,
und iatz tanz i nu oan
mit der Himmelsmutter.

Iatz hat er oans gsungen,
der große Wasn,
an Ochsenkopf auf
und a Widdernasn.

Bitt gar schean, bitt gar schean,
laßts mi tanzen mit enk,
bin a armer Student
und will bettn für enk.

Iatz hat er oans gsungen,
er hat sich kaum traut,
derweil hat ihm bei der Nasn
a Putzn abergschaut.

Wenn i aufn Tanzbodn geh,
tuat mir koa Fuaß nit weh,
wenn i aber arbeiten muaß,
is aus mit meim Fuaß.

Iatz hat Oaner oans gsungen,
habs nia a so ghört,
dem Pfarrer sei Esel,
hatt grad a so plärrt.

Wenn die alten Männer tanzen,
geht der Wind am Sattl,
geht der Arsch hin und her
wie bei einem Lorbeerspatl.

Iatz hat er oans gsungen,
a ganz a kloans Mandl,
man brächtn leicht rein
i a Einbrennpfandl.

Niglbank, Naglbank,
bleib a weag stehn,
i mecht krad a bissl nageln,
dann kannst wieder gehn.

Und lustige Leut samma,
sagt schon der Wirt,
und mia ham koa Aderl,
das si nit rührt.

Hin übern Tauern
her übers Tux,
a kloans Diandl liab i nit,
fraß mirs der Fuchs.

Und was wirst denn du singen
mit deiner weiten Goschn
möcht man aus und einfahrn
mit an rauhen Buschn.

Unds Federl am Hüatl,
hat z' oberst an Stern,
wohl a Bua, wohl a Bua,
raufert i gern.

Übers Taufertal außa
mit an Loaterwagn,
zum Ranggln, zum Schmeißen,
sein mir außergfohrn.

Beim Wegerl a Lackerl,
a Lackerl a neis,
a scheans Diandl Jungfrau bleibn,
dös braucht an Fleiß.

So weit die Berg aufischaugn
is allweil grian,
wenns Diandl nit glei aufsteht,
müaß ma lei giahn.

Mei Diandl is launisch,
is übamütig,
und besser is launisch,
als gar zu wütig.

S Diandl im Kammerl
tuat Vögerl fangen,
sie fangt sie glei eina
bei der Fensterstangen.

Buama, seids lustig,
tuats nimma betn,
den letzesten Teufel
ham die Henn zertretn.

Zur Beicht bin i gangen
zu an Krimmler Pata,
und zur Buaß hat er mir gebn,
die Gaßlloata.

Lustig mir Gspon,
ham Schneid wia die Hahn,
habn Bart wia die Füchs,
und zum Fürchten gibts nix.

I hab steirisch gliabt,
hab a pinzgerisch ghalst,
zur Beicht bin i ins Wallisch,
probiert hab i alls.

Mei Schatz is a solche,
a zaundürre Goaß,
tuat immer viel fressen,
wird trotzdem nit foast.

Iatz hat oaner oans gsungen,
der hat a scheane Stimm,
wo hat er sie denn gfundn,
im Scheißhäusl drinn.

Iatz kommt dann bald Lichtmeß,
dann is mir oa Ding:
’s Körbl aufn Buckl
und die Nachreden drinn.

Iatz hat Oaner oans gsungen,
der gar nix versteht,
es wär halt fast besser,
wenn ers Maul halten tät.

Heut sein mir alle da,
die Reichen und die Rarn
und die Schlitten und die Böck
und die Grattn und die Karrn.

Iatz hat er oans gsungen,
koa Stimm und koa Weis,
hat hint aufi Schaben
und vorn auffi Läus.

Strubal gibt gar koa Milch,
Keaschal ist galt,
bei Moschterlei is Kaibl dabei
gemolken ist jetzt bald.

Iatz will er oans singen,
mit sein dicken Hals,
der bringt ja koans fürcher,
da verwuzelt sich alls.

Lustig, mir Jungen,
da wird amal gsungen,
da wird amal tanzt,
hat allweil alls glanzt.

Iatz hat er oans gsungen
und is steckenbliebn,
wenn i a Rüatl ghabt hätt,
hätt is ihm nachngetriebn.

Lustig, mir Alten,
's Gsicht voller Falten,
aufn Kopf graue Haar,
iatz gehn sie an, die schönen Jahr.

Nachntreibn, nachntreibn,
das wär schon recht,
wennst soviel a Bua warst,
daß dir a Rüatl vermegst.

Hinter meim Vaterns Haus
tuat der Fuchs baun,
die Hennen tuan Mist einkralln
und der Hund haun.

Tua nit a so singen,
weils nit a so is,
weil du immer dort einschlüpfst,
wos Hennenloch is.

Hinter mein Vaterns Haus
steht a Kapell,
dort raufn zwei Pater,
um an alten Ombrell.

Tua nit a so singen,
tua nit a so prahln,
sonst könntest mir leicht
in an Knospen einifalln.

Hinter mein Vaterns Haus
steht a Kapell,
und wenn amoi Kirchtag is,
läutet die Schell.

Tua nit a so singen,
du spannlanger Wurz,
wenn d' ins abbrechn tatst,
wärst zum Anknöpfen z' kurz.

Hinter mein Vaterns Haus,
wachst a scheans Bamal auf,
hängt a scheans Öpfal drun,
das weigt mi un.

Tua nit a so singen,
tua nit a so sagn,
sonst laß i dir an Teller
voll Luller auftragn.

Hinter mein Vaterns Häusal
habn sich zwoa Liabsleut versteckt,
sie ist a Zigeunerin gwesn,
und er hat von Butterschmalz gschmeckt.

A Teller voll Luller
is a ganzer Haufn,
du könntest di Luller
noch selber brauchn.

Hinter da Himmelstür
hängt an alts Ochsengschirr,
spannen ma drei Jungfraun ein,
a Fuhrwerk muaß sein.

A Teller voll Luller,
das wär mir schon recht,
wennst soviel a Bua wärst,
daß dir an Luller vermegst.

Hinter der Hollerstaud
hockt alm a Grill,
gestern hat sie fürchergschaut,
aber nit viel.

Soviel a Bua bin i schon,
soviel Geld hun i schon,
wär mir doch z' schlecht,
wenn i mir koan Luller vermecht.

Hinter mir nach,
hör i immer an Lärm,
i hab glaubt es is Äpfelpatz,
derweil is a Germ.

Hinter mir nach
kräht immer a Huhn,
und mir wärs halt bald lieber,
er packat mi un.

Lustig is gwesn,
wia die Schneggn habn pocht,
und die lustigen Buam
um die Bänke senn ghockt.

Kloa bin i gwachsn,
zum Dasein viel z' schlecht,
aber zum a bissl zum Wegumgehn,
doch adiam recht.

Schia-schinigl, schia-schanigl,
fangst du Vögl, fang i a Vögl,
machst du 's Häusl auf, tua i 's Türl zua,
dann habn mir boade Vögl gnua.

Lustig is gwesn,
wir i auf die Welt kommen bin,
hat die ganze Welt zittert
und Sorg ghabt auf mi.

Obn auf dem Egg
steht a weißer Schimml,
und die Leute mit Kröpf
kommen alle an Himml.

Mir senn halt drei Brüder,
und oaner is a Lapp,
für den hat der Vater
koa Modell mehr ghabt.

Obn auf dem Egg
steht a Scherm an a Tax,
wo die Schneidtrager niederstelln
mit ihrer Krax.

Auf und auf waschlnaß,
die Schuach voller Sand,
’s Gsicht voller Jauchn
und an Scheißdreck in der Hand.

Und i hun amoi katzlt,
i hun amoi kitzt,
und i hun amoi glämmpert,
Bua, da hab i gschwitzt!

I bin halt a Jager,
und Hans is mein Nam,
und kämen drei Teufl,
i schiaßat sie zsamm.

A Halbe Bier is nit z’ viel,
a Halbe Wein is nit aus,
wenn ’s sonst nu recht zuageht,
dahoam bei mei’m Haus.

An Branntwein hab i trunken,
das Glasl gsteckt voll,
bin rauschig dann worden,
aber lustiger wohl.

Da drinn is guat schmausn,
da jagt uns koaner aus,
der Hausknecht der darf nit,
der Herr is nit z’ Haus.

Alle Leut, die buckelt senn,
tanzen nach der Seit.
Bruader, nimm koa buckelts Weib,
scham di vor die Leut.

Nur lustig, nur lustig,
is allweil a Ding,
gebts ma nur wenig,
dann trag i fein kring.

Du liederlichs Bürschl,
wann werst di bekehrn?
Aus liederliche Leut
kann ja a nu was werdn.

Wann i wisperl und schrei,
und du meldst di nit glei,
und so muaß i verstehn,
daß i weiter muaß gehn.

Wenn i wisperl und pfeif,
und ums Schrein is mir load,
und findst du nit an Kittel,
mach auf in der Pfoad.

Wann i wissat, daß der Bua kam,
tat i Tuttlan waschn,
und wann i wissat, daß er nit kam,
tat is bleiben lassn.

Unser Einsiedler im Wald
is nit jung, is nit alt,
hat die Fettn aufghängt,
is den Menschen nachgrennt.

Und du närrischer Bua,
tua nit eifern mit mir,
wenn die 's Diandl nit mag,
kann i a nit dafür.

Schau, was kniest denn vor meiner,
i bin ja koa Gott,
geh so leg di nur einer,
und klag mir dei Not.

Zottat wia a Budlhund,
und rauch wia a Bär,
wia die Gott erschaffen hat,
leg di zu mir her.

I wünsch dir viel Glück,
und dazua a langs Lebn,
bist a rabenfalscher Hund,
hätt die so nie mehr mögn.

Zu dir bin i ganga,
zu dir hats mi gfreut,
und zu dir geh i nimmer,
der Weg is mir z' weit.

I wünsch dir viel Glück,
und es soll dir gut gehn,
für die Zeit, als d' mi gliabt hast,
bedank i mi schön.

Der Hund und der Schörg
und der Oberschneida,
habn mas Diandl nit vergönnt,
die drei Hungerleida.

Es is ja koa Ammerling,
es is ja koa Fink,
weil er immer zitschischa,
zitschischa singt.

Es is mir a Vögerl
ins Häuserl kemma,
und doch kann i 's Vögerl
beim Nam nit nenna.

Zu dir bin i gangen
im Regn und im Wind,
und hab oft bei dir gschlafen,
hast trotzdem koa Kind.

Im Rinsinger Eck
tuan die Gamslan scherzn,
wo koa Eifersucht is
geht koa Liab von Herzn.

Mein Herz und mein Sinn
is im Brixental drinn,
und wia muaß i denn tuan,
daß is aussa bekimm?

Mei Herz is mir schwar,
und gelt Schatzerl deins a,
und muaß i von dir scheidn
und du von mir a.

Iatz werd i oans toan,
werd a Kuchlmensch liabn,
muaß ihr Fürtuach ausbrenna
und die Schuah damit schmiern.

Hats oans gschlagn, hats zwoa gschlagn,
schlägts drei und vier a,
aber iatz muaß i hoamgehn
zu der lieben Muatta.

Unterm Haus a Gartl,
und oberm Haus a Pfluag,
iatz, Leutln, moan i, sehts euch,
die Schnadahüpfl gnuag.

Und tanzt werd so lang
bis de Musi verklingt,
der Herr Pfarrer tanzt mit,
daß die Kuttn umspringt.

Sieben Tannen, sieben Birken,
koan frischen Buam fürchten,
mit koan andern Buam toan,
als mit 'm Hagmoar alloan.

Das Federl am Huat,
das macht immer „witt, witt",
wer Schneid hat zum Raufen,
der soll kommen mit.

Mei Moarkuah hoaßt Moaschterl,
hangt eini bei der Tür,
und wenn Moaschterl nimmer sticht,
dann stich i halt dafür.

Am Schwendberg obn, da is
doch allweil a Freud,
dort wachst überm Wildgras
schön aufer die Schneid.

Du bist a frischer Bua,
bist von a guaten Rass,
hast dein ganzes Vermögen
in der Einbildungskass.

Lustig, wir Span,
haben Schneid wie die Hahn,
haben Bart wie die Füchs,
wegn dem Fürchten gibts nix.

Heut senn wir alle da,
nit nur a Teil,
heut hätt wir die Schneid
an an Futterkorb feil.

I hab a krumms Federl auf,
vorne is grau,
und soviel Schneid hab i immer nu,
daß i mi trau.

Zu an Hogmoar bist z' leidig,
zu a Hebamm bist z' dumm,
zu an Esl hast z' kurze Ohren,
sagn sie weit und breit um.

Buxbamlab, Eichenlab,
türkises Papier,
heut hätt i a glockspeiseins
Raufzeug bei mir.

Aber häßlich bist schon,
wie a ruaßiger Stoan,
wie a stierende Maus
reckst du 's Arschloch hintaus.

Nußbaumenes Ahornblatt,
türkises Papier,
heut hab i von a Glockenspeis
a Raufzeug bei mir.

A Platzl für eigene Gstanzln:

Vom Raufen, Rangeln und Z'widersein

Sind unser drei Brüder,
a Schneid hat a jeder,
und wenn oaner koane hat,
dann woaß i wieder an Rat.

A Schneidfeder aufn Huat,
daß nur so wachtelen tuat,
wenn doch soviel a Bua warst,
daß d' sie oberderbragst.

Sind unser drei Brüder,
a Kunst kann a jeder,
oaner flicken, oaner nahn,
und oaner Buam niederdrahn.

Hoarberg is Moarberg,
an kloan Schwendachertal
sind schon a frische Buamen,
probierts es amal.

Aufn Huat Federn,
unterm Huat Bluat,
und iatz möcht i grad sehn,
wer mirs auslassen tuat.

Du Rotzer, du Blüater,
du Hennenlochhüater,
du wärst mir grad grecht,
als a Hennenlochknecht.

Der Schwendberger Hagmoar
is nit arm und nicht reich,
und beim Kopf und beim Arsch
schaut er der Habergoaß gleich.

Die frischesten Buam
senn doch immer nu mir,
habn zotate Köpf
wia die Gerloser Stier.

I bin a kloans Büabl,
komm einer vom Boarn,
und zum Ranggln und Raffn
bin i aufzogen wordn.

Die Leut werdn wohl wissen,
daß wir von der Sonnseitn senn,
daß wir ohne Geld und ohne Schneid
nit auf die Schattseiten gehn.

I bin a kloans Büabl,
kohlschwarz und zaundürr,
aber es kommen halt doch koane
schneidigern vür.

Hint aufi Federn
und vor aufi Flaum,
und i laß mir die hintern
nit vorn aufi klaubn.

An der Schneid hats mir gar nia gfehlt,
öfter am Geld,
und mir is liaber koa Geld
als koa Schneid auf der Welt.

Und daß i kloan gwachsen bin,
das hat mi nia greut,
weil schon der kloa David
den Riesen Goliath hat ploit.

Was is denn nur das,
daß heut gar koa Bua schreit?
Is der Stimmschlüssel brochen
oder fehlt nur die Schneid?

Aufs Gassl bin i gangen,
aufs Gassl geh i nu.
Der Scherg will mi fangen,
er hat mi nit nu.

Wie soll er mi denn fangen?
Beim Tag geh i nit,
bei der Nacht is stockfinster,
dort sieht er mi nit.

A frischer Bua bin i,
hab d' Feder aufgsteckt,
beim Raufn und Schlagn
hat mi koaner erschreckt.

Schwendberg is Moarberg,
untn und obn,
und die obersten Häuser
senn besonders betrogn.

Bua, wenn di z' rangeln traust,
magst mirs nur sagn,
dann ziag i mirs Janggerl aus
und pack di beim Kragn.

I auf der Hennensteign,
und du auf der Labn,
heut temma zerst Schneid probiern,
bevor wir es glabn.

Aber, Bua, wenn du schlagst,
schlag mir grad nit auf die Augn,
damit i nu seh,
deine Brocken zsammklaubn.

Mei Vater is a Händler,
a Händler bin i,
mei Vater schmeißt die Männer,
und die Buama schmeiß i.

Du singst immer von der Schneid,
und du moanst, das is rar,
a Schneid hat a Goaß
übern Buckl aussn a.

I bin a kloans Büabal,
komm heraus aus die Staudn,
zum Rangln und Schmeißen,
da tät i mi traun.

Unterm Weg, obern Weg,
wachsen die Ruabn,
's Zillertal aus und ein
fürcht i koan Buam.

Buama, wenns rangln wollts,
wär da der Platz,
je größer der Lapp,
desto größer der Schmatz.

Hat nu koaner a Angst ghabt
und gfürchtet vor dein,
als dei Muatter und die Hebamm
wegen dem großkopfert sein.

Wo is denn der Hogmoar,
daß i 'n nit siech?
Es darf euch nit wundern,
der Hogmoar bin i!

I bin a kloans Büabal,
komm aufa von Boarn,
drei reiß i, drei schmeiß i,
drei nimm i ba die Ohrn.

Wo is denn der Bua,
der die Taxbam ausreißt,
die Brocken zsammklaubt
und die Trümmer verschmeißt!

Weiß is mei Hemd
und rot is mei Bluat,
und iatz täts mi nu wundern,
wer mir ’s auslassen tuat.

Bin gar a kloans Büabal
und doch nit verzagt,
i hab ganz an großen Mann
auf an Bam aufi gjagt.

Eggerschmied, Eggerschmied,
leih mir dei Gsicht,
den Teufel zu erschrecken
beim Jüngsten Gericht.

Herzunter, Herzober,
Herzneuner, Herzbua,
du dreckiger Bua,
mach dein Maul nur bald zua!

An Schnaps müaß ma trinken,
an Rausch müaß ma habn,
daß wir den Weg leichter finden
und die Schneid leichter tragn.

I bin a kloans Büabal,
bin zäh und gschmoaßig,
zum Rangln und zum Raufen
wär i wunderpoaßig.

Der Huat is vom Huater,
die Schneid is vom Huhn,
der Buschen is vom Diandl,
er riacht nu davun.

Und wenn du willst raufen,
dann sag mir grad gschwind,
dann hau i dir aufs Maul,
daß dirs Bluat herabrinnt.

Den Schnaps trink ma aussa,
aus die Literflaschn,
die Schneid wachst uns ausser
bei den Leibltaschn.

Mia senn lustige Buam
vom schean Alpbachtal,
mia tuan uns nit viel prahln,
aber wehrn allemal.

Aber lustig, frisch auf,
is bei Buamen der Brauch,
's Hüatl auf der Seitn
und a Schneidfeder drauf.

**Haggln und lupfen,
schmeißen grad frei,
Büebl, komm her zu mir,
bin schon dabei.**

**Hör auf so schön singa,
hör auf so schön sag'n,
sonst kannst mir die Schneid
aus der Faust außa jagn.**

**Schön grün is da Klee,
wenn er wachst in die Höh,
goldfrisch is mein Bluat,
wann ma's aufmuntern tuat.**

**Den Schlagring am Finger,
den Gamsbart am Huat,
der is nit der gringer,
der mirs Spiel aba tuat.**

A Platzl für eigene Gstanzln:

Hochzeiten und andere Anlässe

I bin Gevatter von dem Diandl,
dös hat mi nit greut,
heut macht mir mei Nannerl,
die allergrößt Freud.

Der Brautführer ist sauber,
die Wadel schön dick,
den hat uns der Drachsla
von München hergschickt.

Du bildsaubers Madl,
kraus auf dei schöns Haar,
i fürcht nur dei Kranzl
fallt aber dös Jahr.

Allweil jung möcht i bleibn
und Dukaten solls schneibn,
aber hin auf den Platz,
wo i bin und mein Schatz.

Du kannst schon schön springen,
du flottes Bürschl,
du hast a Paar Wadl,
wie ein Kreuzerwürstel.

Die Lercheln habn Kröpfeln,
und singen um d' Wett,
mein Weib hat an Kropf,
aber singen kanns nöt.

Vivat hoch, Musikanten,
laßts euch nur hörn,
der Jungfrau Walperl
a Stückerl zu Ehr'n.

Ös moants, ös seids schön,
und is aber nit wahr,
der tuat a weng schielen,
der hat a rots Haar.

Mei liaba Hochzeita,
Drauf richt di nur ein,
es wird dir nix helfn
unter die Bänk' muaßt schon rein.

So lebts halt schön friedlich,
das oans 's andre nit kreilt,
schöne Braut und schöns Diandl,
sonst hast es verfeihlt.

Siehe, sieh, sieh, schau, schau, schau,
da sitzt jetzt die Klosterfrau.
Juchhe, da brave Ehestand
is a koa Schand.

Da Pfarrherr segnet Buabn
und segnet Diandln schön ein.
A Vivat dem Pfarrherrn,
dös is halt da mein!

Hochzeita, tanz' dir gnua,
bist noch a frischer Bua,
Morgen gehts anders an,
morgen bist a Mann.

Hochzeiterin, tua di um,
halt di nur brav und fromm,
darfst vor oan Jahr nit verroasn,
verroasn nach Rom.

An Schatz hab i ghabt,
und hab gmoant, er hat mi,
wia i nachfrag, hat er fünfe,
der Kreuzsakrati.

In Hoangarten bist gschlichn
zu der Hirtenliesl,
da is der Hirt kemma
mitn Ochsenfiesl.

Zu dir bin i ganga,
bei dir hats mit gfreut,
mit dir tanz i nimmer,
is letzte Mal heut.

Dös macht mi dagrimma,
daß d' mi nimma magst,
du tatst oan grad stimma,
bist andre derfragst.

Gelt, du Schwarzaugete,
gelt für die tauget i,
gelt, für die war i recht,
wenn i di möcht!

Geh, du Großkopferter,
moanst denn, du Kropfeter,
mir san für die auf der Welt,
na! für koa Geld.

Unser alts Häuslweib
hat mi recht gern,
stirbt der alt Häusler,
muaß i Häuselmann werdn.

Siegst dort den Peter loan,
gfallt mir gar schön,
der hat schon wieder oan,
kann nimmer stehn.

Lustig macht durstig,
macht Geldbeutel laar,
i wollt, daß mein Beutel
a Kälberkuah war.

I bin der Sepp,
mi kennt die ganz Welt,
hab die Hosen voll Taschen,
und trotzdem koa Geld.

A lustiger Bua
z'reißt oft a Paar Schua,
doch a trauriger Narr
hat lang an oan Paar.

Groß bin i nit,
aber draht wia a Soal,
laß die Weiberleut schwatzen
und denk mir mein Toal.

Jetz hör i oan singen,
der singt nur aus Neid,
dahoam is a Goas,
die akurat a so schreit.

Du hab uns nur gern,
mit dir tanzet i lang,
nur schlecht um den schelchen,
wenaxeten Gang.

I tat so gern heiratn,
war nimmer z' fruah,
doch wia i 's auch anstell,
i komm nit dazua.

S Eial und Bussal gebn
ist dir koa Sünd,
i habs von der Mutter glernt
als a kloans Kind.

Du trauriger Michl,
du muaßt die bekehrn,
aus liederlich Leutln
kann a nu was werdn.

Gott Vater im Himmel
muaß selber lachn,
was öfter die Buama
für Schnitzer machn.

Bhüet di Gott, mei liabs Schatzerl,
muaß Klausner iatz werdn,
da hast mei letzts Schmatzerl,
du Haselnußkern.

Wer a Klausner in der Klausn,
wenn er nix tut, tut er mausn,
wenn er maust, tut er nix,
mausen tun a die Füchs.

Wenns mir oan aussi blasts
bis zum Gattern,
dann gib i enk mei Geld
mit samt da Blattern.

Jiatz pfiat di Gott Schwager,
bleibts allzwoa recht gsund,
und halt ma mei Schwester
fein nit wia an Hund.

I und mei Annamirl
hausn schön z'samm,
wenn ma grad zwoa Löffl
und oa Bettstattl ham.

Du derfst di versteckn,
i kenn di gar wohl,
du bist der Lemonimann
ausm Tirol.

Wenn der Auerhahn pfalzt
und der Kohlbauer schnalzt,
wenn der Brandvogl schreit,
is der Tag nimmer weit.

Und iatz habn mir oans gsungen
und iatz müß ma aufhörn,
sonst könntn die Zuhörer
bauchwehig werdn.

Wenn 's Wirtshaus a Kirchen wär,
und 's Dirndl der Altar,
da möcht i gern Pfarrer sein,
siebentausend Jahr.

Kreuz und quer

Hei lustig, hei ledig,
i geh in koa Predigt,
i geh in koa Amt,
werd doch nit verdammt.

Dort obn auf'n Eck
steht a schneeweißer Schimmel,
und die lustigen Leut'
kommen alle in Himmel.

Lustige Leit, ledige Leit,
sieht ma's nit, hört ma's weit,
immer lustig und frisch,
wie der ledige Stand is.

Immer a bissl lustig sein,
immer a bissl betn,
dann weiß unser Herrgott schon,
wie wir's gern hätt'n.

Solange wir jung sein,
sind wir lustige Leut,
zum Weinen und Sündenbüßn
is später noch Zeit.

Wenn i jung bin, bin i lustig,
is Tanzen mei Freid,
wenn i alt bin, werd i froh si,
wenn niemand nüt seit.

Und wallfahrtn bin i ganga,
alle Tag zeitlich fruah,
koa Kirch hab i gfundn,
aber Wirtshäuser gnua.

Wer nit schnupft und nit raucht,
und nit tanzt und nit sauft,
und hat trotzdem koa Geld,
is a Schand auf der Welt.

Hab zweierlei Flaschn,
is a jede aus Glas,
für die Freud und fürs Leid oane,
haltet jede a Maß.

Und a Dirndl hübsch jung
und a Wein, der hübsch alt
und das is, was mir allweil
am besten no gfallt.

Und 's Blüamlbrocken
is a gar kloane Zeit,
wer moant, das geht immer so,
der is nit recht gscheit.

Wenns Taler tät regnen
und Dukaten möcht schneibn,
tät i 'n Herrgott schön bittn,
's möcht 's Wetter so bleibn.

I halt nix aufs Reichsein,
i halt nix aufs Geld,
a feins, a treus Herzl
is 's Best' auf der Welt.

Vom Gamsbock die Krickln,
vom Hirschen das G'weih,
vom Spielhahn die Federn,
vom Dirndl die Treu.

Koan Baum ohne Laub
und koa Mühl' ohne Staub
und koan Huat ohne Schnuar
und koa Dirn ohne Bua.

Is amol oaner gwesn,
der hat nia oane g'liabt,
in die Höll is er kommen
und Schläg hat er kriagt.

Und die Liab is a Wettkampf
auf a schneeweiße Scheibn,
kennst die lang oft nit aus,
magst a Weil oft so treibn.

Und 's Dirndl is der Punkt,
und um den geht halt 's Griß,
und oft trifft 'n a Schütz,
der der Beste nit is.

Wo koa schönes Haus nit is,
is a koa schöns Zimma,
wo koa Liab außerschaut
is koane drinna.

A Baum ohne Blüah,
und a Wagn ohne Rad
und a Liab ohne Freud
is a Bild ohne Gnad.

Das is a harte Sach',
bild mir's schon ein,
wenn zwei gern beieinand wär'n,
und es kann nit sein.

Die Dirndln sind nett,
wie auf der Alm drobn die Kiah,
wenn du ihnen nix gibst,
gehn sie wieder von dir.

Schwarz sind die Holerbeer,
weiß sind die Blüah,
schön sind die schwarzen Aug'n,
treu sind sie nia.

Schau, schau, wie's regnen tuat,
schau, schau, wie's gießt,
schau, schau, wie's Wasserl
vom Dach runter fließt.

Wenns regnet und schneibt
und Labblattln treibt,
wenns stark wettern tuat
sind die Hausdirnen guat.

Zwoa Verliabte im Haus,
das is unvermessn,
können die Füße nicht halten
beim Suppenessen.

Das Liabn im Haus
bringt nur selten an G'winn,
was d' an Schuhen ersparst,
ist an Strümpfen dahin.

Jetzt woaß i, was i tua,
laß den Dirndln a Ruah,
erspar mir Strümpf und Schuah
und 's Geld dazua.

Du tausend schöns Dirndl,
jetzt scheint d' Sonn in Gart'n,
wo die Hausliab regiert,
muaß a Fremder wartn.

Und die Liab is a Wein
in einem eichenen Panzn,
der macht oft an Altn,
wie narrisch tanzn.

’s Dirndl kriagt a Heiratsguat,
das is freilich rar,
i mechat dös Heiratsguat gern,
wenn nur ’s Dirndl nit war.

Dreimal um die Holzschupfn,
dreimal ums Haus,
drei rote Nelken
gebn an schean Strauß.

Die alte Lieb rostet nit,
is allweil die best’,
die neue Lieb wackelt,
steht selten recht fest.

Wann mei Dirndl stirbt,
laß i ’s schön begrab’n,
zahl a Meß, zahl a Amt,
und laß d’ Orgel schlagn.

Hopsa, Lisele,
die Fröd ist us,
Schäppeli ab
und Hübeli uf.

Gun i wit use,
so hon i wit hei’,
gun i durchs Gäßli,
so stachet mi d’ Stei.

Gun i durchs Gräsli,
so netzt mi der Tau,
und blib i daheime,
so krieg i kai Frau.

Wie höchr der Turm,
wie schöner das Gläut,
wie älter die Weiber,
wie zäher die Häut.

Alte Wiber und Enta
schwáderet übere See,
und wenn si wieder ume chöme,
so rüefet si: d' Jüppe n id Höh.

Wenn Sunn und Munn arschling geht
und der Schneck spinnt
und der Ochs Esel werd,
heirat i gschwind.

A bissl sikkrisch, a bissl sakkrisch,
a bissl vornehm mueß ma toan,
die großn Taler mueß ma sechn lassn,
aber hergebn mueß ma koan.

Was is 's um das Geld,
hun koans herbracht auf d' Welt
und i trag a koans weg,
mir ist nix um den …

A b'sunnane Zeit
habn ma iatz auf da Welt,
das 's gar soviel Beutl geit
und so wenig Geld.

Papier-Münz wird gmacht,
müaßn 's nehma für Geld,
derf'n Erz koans mehr grab'n,
send z'viel Lumpn auf derWelt.

Lumpen sein Lumpen
und Lumpen sein Leut',
und die Wirt, die tuan beten,
daß Lumpen a'geit.

Hab'n die Leut nit a G'schroa
mit die Bürgertöchter,
und die Dirndln vom Land
sein koan Kreizer schlechter.

Wie höher die Taxbam,
wie niedrer die Äst,
bei die ratschet'n Leut',
ist der Schnabel das Best'.

Den ratschet'n Leut,
den schick' i an Gruaß,
sie soll sich z'erst wasch'n,
sein selber voll Ruaß.

Den Leut'n ihr Redn,
dös muaß man verstehn,
sagt oaner „Grüaß Gott!“
und moant: „Du sollst gehn“.

Wenn du koa Roß nit hast,
kannst a nit loatn,
bald oaner koa Geld nit hat,
muaß der Wirt boatn.

Wenn d' Stadl voll Heu sein,
werd koa' Kuah mager,
wenns d' a schöns Schwesterl hast,
kriagst bald an Schwager.

Bald ma koan Rahm hat,
kann ma nit rührn,
wenn ma koan Knecht hat,
bleibt oan koa Dirn.

Willst g'schimpft werdn,
muaßt heiratn,
willst g'lobt werdn,
muaßt sterbn.

Der ane hoffts, der ane denkts,
der ane verkaft sei Mensch, der ane verschenkts,
der ane gwinnts, der ane verspielts,
der ane entleichts, der ane stiehlts.

Der Kaiser wehrt si um sei Landl,
der Bauer um sei Feld,
der Bua um sei Diandl,
so gehts auf der Welt.

Wenn die Welt war derschaffn,
nach 'n Menschenverstand,
aft sach' sie wohl aus,
wie 's Bettllotterg'wand.

Heut geh i net hoam,
und morgen a net, moan i,
sonst moanet mei Vater,
i kriagat koani.

Das liedala Leben
ist mei Lebenswandl,
daß i nid anderst ku,
ist a Teufelshandl.

Hinter der Himmelstür,
hängen sechs Ochseng'schirr,
g'schirr i sechs Jungfern an
und fahr davon.

Lustig is g'wesn amal
fert'n in Winta,
wie zwa Menscha hab'n g'rafft
um an Häf'nbinda.

Und der Lipp und der Lenz
habnt an oanaugets Mensch,
und der Lipp hat nit g'wißt,
daß 's Mensch oanauget ist.

S Diendl hat blaue Aug'n
und fuchsete Haar,
wenn z' Morgets d' Sunn aufgeht
moant ma, 's brinnt gar.

D' obersteirische Gredl
liegt mir alleweil im Schedl
bei der Mitt' und beim Kopf
und beim Fuaß und beim Kropf.

Mein Vater, mein Muetter
send kreuzbrave Leut',
er is a wen'g narrisch
und sie nit recht g'scheidt.

Mei' Vater ist a großer Bauer,
hat a sechs Kitz',
und wenn ihm s' der Fuchs derreißt,
aft hat er nix.

Mei Haus hat zehn Spreitz'n,
es brauchet no vier,
i trau mir kaum z' schneuzen,
es fallet auf mir.

Han a Häusl aufbaut,
han's mit Haberstroh deckt,
is der Radlwind kömm',
hatt mer's alls wieder wek.

Da oben auf der Höh
hats an Grattler eing'waht,
recht is ihm g'schehn,
warum fahrt er so stad.

Da ob'n auf'n Bergl
wo 's Bachl abi rinnt,
da tanzt der Herr Pfarrer,
daß 's Kappl umspringt.

Lustig mir Metzgerknecht,
mir können's dengg und recht,
dengg und recht, Metzgerknecht
send ma schon recht.

S Diendl hat g'redt
an Müller möcht's net
und an Bäcken möchts schon,
wenn er backen recht kann.

Hui lustig mir Schmied,
mir müeß'n uns plag'n,
mir müeßen uns're Zwanzger
aus 'm Eisen außer schlag'n.

Der Flachs, der war rar,
wenn der Kleber net war,
und das Dirndl war mein,
wenn der Weber net war.

Wer an Weber veracht',
ist a Lümml und a Lapp,
wenn koa Weber nit war',
war koa Bett bei der Nacht.

Und dreizehnhalb Schneider
wägen vierzehnhalb Pfund
und wenn sie s' nit wägen,
dann san s' nit recht g'sund.

S Liedl ist g'sungen,
und 's G'sangl ist aus
und die Groschn sein g'sprung'n
und iatz geh'n mir z' Haus.

Sechsadreiß'g Leberknödl
und a Trumm Wurst,
wer a Kellnerin liebt,
ist allweil voll Durst.

Wenn koa Wirtshaus nit stand,
und koa Kellnerin a,
wär's 'n Beutel a Nutzen
und der Seligkeit a.

Wann da Kirchturm a Maßkruag war,
und war voller Bier,
ja dann trinkat ma oan Maß
und nit drei und vier.

Und 's Bier und i selber,
i selber und 's Bier,
mir sein Kameraden
die lustigen Vier.

Und lustig, geduldig,
bin all'n Leut'n schuldig,
grad sauf'n und prahl'n
und koan Kreuzer nit zahl'n.

Und die sakrisch'n Bräuer
geb'n 's Bier iatz so teuer,
geb'n koan Hopf'n dazua,
war' um die Hälfte zahlt g'nua.

Der Pfarra von Grinzing,
der hot an kloanwinzing,
greanlodenen Huat,
und der steht eahm so guat.

An Sunntag gibts Speckwürst
mit Knödl und Kraut,
da Bauer frißt die Würscht
und der Knecht kriagt die Haut.

A Platzl für eigene Gstanzln:

Kleines Gstanzl-ABC

Das folgende „Gstanzl-ABC" ist eine kurze Aufzählung jener Wörter und Begriffe, die in diesem Buch vorkommen und aufgrund ihres ausgeprägten Dialektcharakters nur regional verstanden werden können. Es wurde die gleiche Schreibweise wie in den jeweiligen Gstanzln verwendet, auf Aussprache, Hilfszeichen usw. habe ich absichtlich verzichtet. Auf Vollständigkeit kann kein Anspruch erhoben werden. Es soll lediglich eine kleine Stütze beim Verstehen der Vierzeiler sein. Interessierte seien auf die einschlägigen Dialektwörterbücher verwiesen.

a oanzigsmal *ein einziges Mal*
a wen'g *ein wenig*
a'geit *abgibt*
a( )diam *manches Mal, manchmal*
abaghaxlt *heruntergeholt*
Abortdeckelknopf *WC-Deckelgriff*
Abortwürmer *Würmer in Jauchengrube*
acher *herunter*
adia *ab und zu*
aft *dann*
akurat *gerade so, genauso*
alausn *entlausen*
alleweil *immer, stets*
alloan *alleine*
alm *immer*
Almdiandl *Sennerin, Almbedienstete*
almerisch *alpmäßig*
amal *einmal*
anderschther *woanders her*
andra *anderer*
ane *eine*
angloant *angelehnt*
anlang *berühre(n)*
Ant *Ente*
aper *ohne Schnee, schneefrei*
Aschn *Asche*
aufakemma *herauf-(ge)kommen*
aufbegehrn *auflehnen gegen etwas*

auffaglanga *heraufreichen*
auffi *hinauf*
auffischnürn *hinaufschnüren*
auffiziagn *hinaufziehen*
aufgleinet *aufgewärmt, aufgebaut*
aufgnommen *befruchtet, schwanger geworden*
aufikraxlt *hinaufgestiegen*
auftoan *aufmachen*
ausanandareißn *auseinanderreißen*
aus(g)laart *aus(ge)leert*
außerbegehrn *wichtig machen*
außergfohrn *herausgefahren*
außergnumma *herausgenommen*
außerschaut *herausblickt*
außerwaht *herausweht*
Auter *Euter*
bachlwarm *lauwarm*
Bäcken *Bäcker*
Bäkler *Raucher*
bals *wenn es*
Bam *Baum*
Baua *Bauer*
Beital *Beutel*
bempert *klopft, hämmert*
Bergfex *passionierter Bergsteiger*
Betnockn *Strenggläubige*
Betnoggn *Betschwester*
betriabt *betrübt*
betrogn *gefährlich*
Bettei *Bettchen*
Bettllotterg'wand *Bettlerkleidung*
Bettstattl *Bett*
Betttiacha *Tuchent*
Beutl *Geldbörse*
Biabl *Bübchen*
Bichl *Hügel*
Binggl *Beule*
bissl *bißchen*
Bix *Gewehr*
blank *leer*
blasts *bläst*
Blatter(n) *Geldbeutel*
blessat *brüllend, muhend, schreiend*
Blöchl *Blech*
Blüamlbrocken *Blumenpflücken*
Blüater *Feigling, Angsthase*
boade *beide*
Boandln *Knochen*
boarisch *bayrisch*
Boarn *Bayern*
boatn *warten*
Böckl *Bock*
Bodna *Ortsteil in Kirchbichl*
boid *bald*
Brasill *Tabakart*

brauchatn *bräuchten*
brennhoaß *siedendheiß*
brinnt *brennt*
broat *breit*
brochen *kaputt, gebrochen*
Brünn *Brunnen*
Bua *Bub, Bursche*
Buach *Buch*
bugglt *höckerig*
Burgei *Notburga*
Buschen *Strauß*
Chäs *Käse*
Chübeli *Eimer*
da *der*
Dachrinn *Dachrinne*
dafrorn *erfroren*
dafrört *erfriert*
dagrimma *zornig werden*
dalkater *ungeschickter*
damisch *verrückt, übertrieben*
Dampfl *Hefeteigbasis*
Dampflmacher *Kindermacher*
daschiaßn *erschießen*
davun *davon*
daweil *derweil*
dawischt *erwischt*
Deandl *Mädchen*
decht *doch*
Dei Dei *Menschlein*
dengg *links, verkehrt*
dengln *Sense schärfen*
derboaten *erwarten*
derloatn *lenken*
derlogn *erlogen*
derreißt *zerreißt*
derschreck *erschreck*
derweil habn *Zeit haben*
det *doch*
diamal *manchmal*
Diand(a)l *Mädchen*
Diendl(e) *Mädchen*
Dippl *Beule*
dörrn *trocknen*
Drachsla *Drechsler*
draht *gedreht*
Dralln *dummes Mädchen*
Dreckpatzen *Dreckklumpen*
dreikeart *hinein gehört*
drischt *dreschen, schlagen*
Dritschl *Tritt, Schritt*
druck *drücke*
ducken *niederbeugen*
dürscht *(ge)dürstet*
ea(h)m *ihm*
ea(h)na *ihnen*
eascht(e) *zuerst, erst(e)*
Egg *Ecke, Kurve*
Eial *Wange an Wange schmiegen*
Eichenlab *Eichenlaub*
eichnglegt *hineingelegt*
Einbrennpfandl *Pfanne für Mehlschwitze*
eing'waht *verweht*
einischern *hineinstecken*

einitappn *auf etwas hineinfallen*
einschiabn *einstecken*
Englan *Engel*
ent *drüben*
entleichts *verleiht es*
eppa *etwa, jemand*
eppas *etwas*
epper *etwa, jemand*
Erchtag *Dienstag*
Erdäpfelhäut *Kartoffelschalen*
Erdäpflgrabn *Kartoffel ernten*
Facklsau *Mutterschwein*
Faum *Schaum*
feacht *Vorjahr*
feil haben *feil bieten*
fert'n *im Vorjahr*
Fettn *Einsiedlergewand*
Fiaberl *Fieber*
Fiaß *Füße*
Firtabandl *Schürzenband*
flachshaarat *blond, brünett*
Fleach *Flöhe*
Fliagn *Fliege*
foast *dick, fett*
Foirstatt *Herd*
foppn *angeben, prahlen*
Franserln *Fransen, lose Fäden*
fraß *fressen würde*
Friah *Frühe*
Frigelen *geriebener Teig*
Frigelesupp *Teigklößchensuppe*
frischa *frischer*
Fröschlan *Frösche*
Fröd *Freude*
Fruah *Frühe, am Morgen*
fruah *früh*
Fuaß *Fuß*
fuchset *rotbraun, rötlich*
Füdeli *Hintern*
führast *würdest befördern*
Fuiße *Fuß*
funkazn *Funken sprühen*
fürchrgschaut *hervorgeschaut*
Fürtabandl *Schürzenband*
Fürtuach *Schürze*
fuxat *fuchsfarbig, zornig*
G'föpp *Prahlerei*
G'nack *Genick*
g'rafft *gerauft*
g'rearscht *geweint*
g'schirr *einspannen*
g'schloffn *gekrochen*
g'schwind *schnell*
G'straun *kastrierter Widder*
gach *schnell, sofort*
Gams(al) *Gemse*
Gassl gehn *zum Raufen oder Fensterln gehen*
Gaßlloata *Leiter zum Fensterln*
Gatterl *Gatter, Türl*

Gatterlschliafn	*durch eine Öffnung kriechen*
Geahn	*Gehen*
ge(i)d	*gibt*
Geiglan	*Geigen*
geit	*gibt*
gelt	*gell*
gemma	*gehen wir*
Germ	*Hefe*
Gfui	*Gefühl*
ghalst	*umarmt*
gheascht	*gehört*
giahn	*gehen*
Giggal	*Fenster*
glabn	*glauben*
glabst	*glaubst*
glämmpert	*gelämmert*
glangt	*langen, hineinlangen*
glanzt	*(ge)glänzt*
Gläut	*Geläute, Klang*
gleckt	*ausreicht*
glei	*sofort*
gliabt	*geliebt*
Glöggal	*kleine Glocke*
Glögglan	*Glocken*
Glump	*Unbrauchbares*
glungezt	*schellt*
gmaln	*gemalt*
gmoa(n)t	*gemeint, geglaubt*
gmögt	*gemocht*
Goaß	*Ziege*
Goaßbock	*Ziegenbock*
Goassl	*Peitsche*
Gogl	*Winzling*
Gölgl	*Geld*
Gösch(er)l	*Mund, Mäulchen*
grad	*nur*
Grasal	*Gras, Wiesenfleck*
Grattler	*Karrenzieher*
gratn	*erraten*
Grattn	*Karren*
graunzt	*geweint, gewimmert*
grean	*grün*
Gredl	*Margarethe*
Grenaggn	*Augensekret vom Schlafen*
Griabal	*Grübchen*
grian	*grün*
gringer	*leichter*
grintig	*starrköpfig*
Groamat	*zweites Heu*
groba	*grober, derber*
großkopfert	*angeberisch, stolz*
gruant	*grünt*
Grummatschoba	*Heu-männchen vom 2. Schnitt*
Gsangl	*Liedchen*
gscheckat	*gefleckt*
Gschieß	*Scheiße, Kot*
Gschlößl	*Vorhängeschloß*
gschneckelt	*gelockt*
gschupft	*dumm, dämlich*
Gsellin	*Frau*
gsöchn	*gesehen*

gspiebm *gekotzt*
Gspon *Gruppe*
gspunna *gesponnen*
Gstäud *Gebüsch*
guatstehn *geradestehen*
Gugg(u) *Kuckuck*
gun i *geh ich*
Gwänd *Felswand, Felsen*
Gwax *Gewächs, Gestalt*
gwaxn *gewachsen*
gwen *gewesen*
haaran *aus Hafer*
Habergoaß *Fabelwesen, Kuckuck*
Habern *Hafer*
habern *aus Hafer*
habernes Muiße *Haferbrei*
Habernsäck *Hafersäcke*
Haberstroh *Haferstroh*
habnt *haben*
Hack *Hacke*
Hacklnasn *Hakennase*
Hagemoarkuah *stärkste Kuh*
Haggln *Hakeln*
Haglmoar *bester Raufer*
Halla *Hallein*
halsn *umarmen*
Halter(s)bua *Hirtenknabe*
hamd *haben*
hamma *haben wir*
hammas *haben es wir*
hammerlen *hämmern, schlagen*
Hanni *Johanna*
harb *scharf, heftig*
Harberg *Hartberg*
Haring *Hering*
hatschat *hinkend*
Häusl *kleines Haus*
haust *wirtschaftet*
Häut *Häute*
Haxn *Bein(e)*
heacha *höher*
heart *hört*
heascht *hörst*
Hech *Höhe*
hei *heim*
heign *heuen*
heint *heute*
Heisei *Häuser*
Hemat *Hemd*
hend *sind*
Henna *Hühner*
Hex *Hexe*
Hias *Matthias*
Hiater *Hüter, Hirte*
Hiatl *Hütchen*
Himmelsmutter *Muttergottes*
Himmi *Himmel*
Himmischlissal *Primel*
hitschat *hinkend*
hoaklig *heikel*
Hoamdiandl *Mädchen, das im Sommer am Hof bleibt*
hoamzua *nach Hause*
Hoangascht *Tratsch*

Hoanznberger *Hainzenberger*
Hobelschoatn *Hobelspäne*
Höch *Höhe*
Hoiß *Hals*
Hollerstaud(n) *Holunderbusch*
Holzschupfn *Holzscheune*
Horberg *Hartberg*
Hosensoacha(r) *Bettnäßer*
hüatn *hüten, aufpassen*
Hübeli *Frauenhäubchen*
Huet *Hut*
Hüll *Haut, Hülle*
hun *habe*
Hundal *Hündchen*
Hungerleida *Hungerleider*
Hupf *Hüpfer, Hügel*
Hupferle *Sprung*
hupft *hüpft*
Hüsli *Haus*
ieder *jeder*
insar *unser(er)*
Jaggistag *Jakobstag*
Janggerl *Jacke*
Jät *Acker, beim Jäten*
Juchezer *Juchzer*
Juhschroa *freudiger Schrei*
Jüppe *Joppe, Frauenrock*
Juttenfaß *Molkebehälter*
kaf *kaufe*
Kaffetscherln *Kaffee*
kafts *kauft (ihr)*
kahln *bellen*
kai *keine*
Kaibikettn *Kette zum Kälber anhängen*
Kammerl *Zimmer*
Kappl *Kopfbedeckung*
karntnerisch *kärntnerisch*
Kas *Käse*
Kaschtala *Schnaps*
kastn *käst ihn*
Katherle *Katharina*
katzlt *Kätzchen geboren*
Kiah *Kühe*
Kiahlan *Kühe*
Kitlschlitz *Rocköffnung*
Kittl *Rock*
kitzt *Kitze geboren*
Klachl *Penis (vulgär)*
Klattn *verfilzte Dreckklumpen*
Klausn *Klause, Einsiedelei*
Klausner *Einsiedler*
kleana *kleiner*
klianscht *kleinste*
Kloa *Kleine*
Kloadirn *niedere Dienstmagd*
kloavadraht *wild, komisch*
kloawinzig *winzig klein*
Knia *Knie*
Knospen *genagelte Holzschuhe*
ko *kann*
koa(ni) *keine*
koaner *keiner, niemand*

koatig *dreckig*
krad *gerade, nur*
Krah *Krähe, Rabe*
kraht *kräht, schreit*
Kranawettstock *Wacholderbusch*
Kranzara *Kramsacher*
Kranzl *Jungfernkranz, Kränzchen*
Kratz *Kratzer, Wunde*
Krax *Rückentraggestell*
Kreidn *Brüste (vulgär)*
kreilt *verletzt (seelisch)*
Kreiz *Kreuz, Rückgrat*
Kreizer *Kreuzer (Geld)*
Kreuzsakrati *Schimpfwort*
kriagat *würde bekommen*
kring *leicht*
kropfat *mit Kropf behaftet*
krumm *gekrümmt*
Krummschnabel *Vogelart*
krump *gehbehindert*
Kuch *Küche*
Kuchlhackl *Küchenhacke*
kugelt *fällt*
Kummadianer *Kammerdiener*
kummat *käme*
kunn *kann*
kunns *kann es*
kunnscht *könntest*
kupfrig *rötlich*
Kuttn *Mönchsgewand*
la' *laß*
Labblattln *Laubblätter*
Labn *Balkon*
Lackn *Lache*
langhaxat *langbeinig*
Lappen *Idioten*
lar *leer*
larchen *aus Lärchenholz*
laufades Gschiß *Durchfall*
launi *launig*
Läus *Läuse*
lauta *alles*
Leg *Ortsbezeichnung*
leich *leih*
Leis *Läuse*
Leit *Leute*
leit *liegt*
Lemonimann *Zitronenhändler*
Lenerl *Helene*
Lenz *Lorenz*
Lercheln *Lerchen (Vögel)*
Lex *Alexander*
Liabsleit *Liebespaar*
liabt *liebt*
liedala *liederlich, gottlos*
Lies *Elisabeth*
Lipp *Philipp*
load sein *leid sein, genug haben*
loadig *schüchtern*
Loatal *Leiter*
Loatawagn *Leiterwagen*
Loaterl *Leiter*
Loaterwagn *Leiterwagen*

loatn	*führen*
Loatr	*Leiter*
Luader	*Luder, hinter-triebige Person*
lucket	*löcherig*
Lullerl	*Schnuller*
Lupfen	*Heben, Raufart*
Mahder	*Mäher*
Maideli	*Mädchen*
Manda	*Männer*
Mark	*Grenze*
Markistag	*Markustag*
Matthois	*Matthäus*
Maul	*Mund*
Mausgaglbua	*kleiner Junge*
mear	*wieder, nochmals*
Melcher	*Melker*
Mensch	*Mädchen, Frauenzimmer*
Menscha	*Verliebte*
Menschaliabn	*Mädchen lieben*
miassn	*müssen*
Milliun	*Million*
mir	*wir*
mitterlach	*in der Mitte*
moan	*meine, glaube*
moanscht	*meinst du*
moant	*meint*
Moarberg	*Ort der besten Raufer*
Moaschterl	*Meisterchen*
mortialisch	*riesengroß*
Mösserl	*Messer*

Muas	*Mus, Brei*
Muatta	*Mutter*
Much	*Michael*
muggenzt	*leises Muhen*
Muiße	*Mus*
Munn	*Mond*
Musimacher	*Musiker*
Nachtwachta	*Nachtwächter*
Nagei	*Nelken (Blumen)*
Nagerlstock	*Nelkenstock*
nahn	*nähen*
Nann(erl)	*Marianne*
Nanni	*Marianne*
narrisch	*verrückt, irr*
nei	*hinein*
neiastn	*neuesten*
neigmacht	*hineingemacht*
neiregna	*hineinregnen*
nenna	*nennen*
net	*nicht*
nettigschtn	*nettesten*
nia	*nie*
niamer	*nicht mehr*
niederdrahn	*niederwerfen*
nimma	*nicht mehr*
nirgats	*nirgends*
nit	*nicht*
nix	*nichts*
nix z'neidn	*nicht zu beneiden*
noatig	*in Not, bedürftig*
noin	*neuen*
nu	*noch*
Nudlwalker	*Teigroller*

nummariascht *numeriert*
Nussn *Nüsse*
nüt *nichts*
nutz sei *von Nutzen sein*
oa *ein, eine, welche*
oagne *eigene*
oan *einen*
oanaugets *einaugiges*
Oanöd *Einöde*
oans *ein(e)s*
Oansiedl *Einsiedler*
Oansiedlmantl *Einsiedler-mantel*
oanziger *einziger*
Oargeld *Eiergeld*
Obasanga *Obstanger*
oberderbragst *herunter bringen würdest*
obst *ob du*
ocharschabn *herabschaben*
Ochsenfiesl *Ochsenziemer, Art Peitsche*
Ofnschissl *Ofenschaufel*
Oim *Alm*
oiwei *immer*
Ombrell *Schirm*
Öpfl *Apfel*
Pata *Ordensbruder*
Patschuli *Parfüm*
Pferschn *Pfirsiche*
Pfife *Pfeife*
Pfoad *Hemd, Bluse*
Pfonnenbinda *Pfannen-flicker*
plärrt *geschrieen*
Plenten *Maismehl*
ploit *geschlagen*
Possn *Neckerei, Streich*
Pratzerl *Händchen*
probiascht *probiert*
Pudal *Pudel, Hund*
Pudl *kleines Fläschchen*
Puffa *Puffer*
Putzn *Nasensekret*
Putzwindl *Windel*
Rabn *Raben, Krähen*
Rach *Rauch*
Radlwind *Art Fön*
Rahm *Obers, Sahne*
Rapp *Rabe, Krähe*
rar *gefragt*
räß *scharf, pikant*
ratschet('n) *schwatzhaft(en)*
Ratznbart *Schnurrbart*
rauch *rauh, geil*
rearn *weinen*
Reibn *Kurve*
Reis *Ästchen*
Reiserbesn *Reisigbesen*
roin *reuen*
Rosenkranzbett *Rosenkranz*
Rotzer *Feigling, Jammerer*
Rotzklachl *Nasensekret*
Ruabn *Rüben*
Rüahrmilch *Buttermilch*
Rüatl *Rute*
rüefet si *rufen sie*
rupfern *aus Leinen, Werg*

saat	*sät*
sakrisch('n)	*gewaltig, fest, wild*
samma	*sind wir*
san	*sind*
san s'	*sind sie*
Schachtal	*Schächtelchen*
Schal(l)ei	*Tasse*
scham	*schäme*
schamts enk	*schämt euch*
Schäppeli	*Jungfern-kränzlein*
schaug	*schau*
schean	*schön*
scheana	*schöner*
Scheanheit	*Schönheit*
Schedl	*Kopf*
Scheißhäusl	*Toilette*
Scheitala	*Holzscheite*
schelch	*schief, schräg*
schelchaugat	*schielend*
schelchhaxat	*mit krum-men Füssen*
Schell	*Schelle, Glocke*
Schendarm	*Gendarm*
scheniern	*genieren*
scherfa	*schärfer*
Scherg	*Kläger, Gerichtsbote*
Scherm	*Schirm, Nachttopf*
Scheuerlbirn	*Birnensorte*
schiab	*schiebe*
Schiachn	*Häßlichen*
Schian	*Schönen*
schiane	*schöne*
schianst	*schönste*
Schierhakl	*Schürhaken*
Schimml	*Schimmel*
schlaferig	*schläfrig*
schliaf	*kriech(e)*
schlögg	*schlagen würde*
Schmatz	*Aufprall, Knall, Ohrfeige*
Schmear	*Schmiere, Fett*
Schmeißen	*Werfen*
Schmiß	*Gewandtheit*
Schnabal	*Mund*
schnalln	*krachen*
Schnatterl	*geschwätzige Person*
Schnaufer	*Atemzug*
Schneck	*Schnecke*
Schneggn	*Schnecke(n)*
schneibt	*schneit*
Schneid	*Mut*
schneidig	*mutig*
Schneiztuch	*Taschentuch*
Schnitt	*Scheide (vulgär), Wiese, das Mähen*
schnittig	*frisch*
Schoaß	*Magenwind*
Schoatenpecka	*Specht*
schoppt	*stopft*
Schörg	*Scherge, Verräter*
Schözli	*kleiner Schuß, bißchen*
Schpiritus	*Geist, Schlauheit*
Schuach	*Schuh*

schwaderet *herumplätschert*
schwar *schwer*
Schwoaf *Schweif, Schwanz*
segs *seht ihr*
selbm *selbst*
sellas *solches*
semma *sind wir*
Semmenmandl *Speise*
senn *sind*
siach *sehe*
siadn *sieden*
sicht *sieht*
siech *sehe*
siechts *sieht sie*
sinscht *sonst*
soachn *urinieren*
Soal *Seil, Leine*
Soatn *Saite*
Söchtarklockar *Milchgeschirrklopfer (wörtl.)*
sönd *sind*
Spanspreißl *Holzspäne*
spat *spät*
Spatal *Spanschachtel*
Spatl *Schachtel*
spear *trocken, ausgedörrt*
spöttla *spöttisch*
Spreitz'n *Stützen*
Spriedln *kleine Holzscheiter*
Sprissl *Querholz einer Leiter*
stachet *stechen*
stad *sachte, langsam*
Stadtmadl *Städterin*
Stallkittl *Stallgewand*
Staudn *Büsche*
Sterz *Teig aus Heidekorn*
Stiagn *Treppe(n)*
stiern *schauen*
Stoan *Stein, Fels*
Straubn *eine Mehlspeise*
Stui *Stuhl*
Stutzerl *Gewehrstutzen*
Summa *Sommer*
Sunn(a) *Sonne*
Surgruabn *Jauchengrube*
Tannzapfn *Tannenzapfen*
Tanzrin *Tänzerin*
Tauba *Täuberich*
Täuberl *Täubchen*
Tauern *allg. für Gebirge*
tauget i *würde ich taugen*
tausendschean *unheimlich schön*
Tawagg *Tabak*
Tax *Tanne*
Taxbam *Tanne(n)*
teans *tun sie*
Teifi *Teufel*
Tenn *Scheune*
Tintnlecka *Beamter (scherzhaft)*
Tittlan *Brüste*
Toal *Teil, Anteil*
toan *tun*
Toifl *Teufel*
Toiflsdreck *Teufelsdreck, Kautabak (scherzhaft)*

Tolm *Idiot*
traun *wagen*
traust *getraust*
Tret *Melkplatz einer Alm*
Troad *Getreide*
tropfezt *tropft*
Trüchl *kleine Truhe*
Trumm *Stück*
tschergat *schleppend, hinkend*
Tüfe *Ort im Kanton Appenzell*
türln *bei der Tür klopfen*
Tuttenkaibi *Kalb, das noch säugt*
Tuttnfackl *Muttersau*
u'gnahm *unangenehm*
übereggs *kreuz und quer, übers Eck*
überi *hinüber*
ubrennt *schwanger*
ugloant *angelehnt*
uma *umher, herum*
umasist *umsonst*
ume chöme *zurückkommen*
umma *herum*
ummakimm *herüber komme*
ummanander lumpn *umherstreunen*
ummaschiabn *herum-schieben*
unt *unten*
vadeant *verdient*
Veloziped *Fahrrad*
verdeanas *verdienen*
verfeiblt *verabsäumt, verfehlt*
vergunnt *vergönnt*
verkaft *verkauft*
vermankelt *vertauscht*
vermecht *sich leisten können*
verroasn nach Rom *entbinden (Kind)*
verroasn *verreisen*
verspat't *verspätet*
verwuzelt *verstrickt*
Vintl *Ort im Pustertal*
vor dein *vor dir*
Vorreiter *Bote, Ankünder*
Vronerl *Veronika*
Vump *Vomp*
vunanda *voneinander*
vürflogn *vorbeigeflogen*
wachtelen *wehen*
Wadln *Waden*
wägen *wiegen*
Wallisch *Italien*
Wasn *großer Mann*
watschlnassa *völlig durchnäßt*
weag *wenig*
wearn *werden*
Wegumgehn *im Weg sein*
weichslbraun *rotbraun*
Weinbeerln *Rosinen*
Weinln *Weine*
weißbauchat *hellhäutig*

wek *weg*
wenk *wenig*
wern *werden*
Wiagna *Wiegen*
Wiascht *Wirt*
Wiber *Weiber, Frauen*
wischlwaschlnaß *völlig durchnäßt*
wisperl *pfeife*
wissat *wissen würde*
wit use *weit weg*
woach *weich*
Woache *eine Weiche (Frau)*
Woad *Weide, Wiese*
wohlfel *wohlfeil*
woltan *beträchtlich*
Wunda *Wunder*
wunderpoaßig *neugierig*
wurad *würde*
Wurz *Wurzel*
Wutzerl *kleines Kind*
wutzln *wickeln*
z'erscht *zuerst*
z'floachig *zu viele Flöhe*
z'kring *zu leicht*
z'naxt *vor kurzem*
z'schwar *zu schwer*
z'wax *zu fest, zu wild*
zach *zäh, langwierig*
zacher *zäher*
Zapin *Werkzeug zum Holzen*
zea(s)cht *zuerst*
Zelten *Früchtebrot*
zerscht *zuerst*
ziach *ziehe*
Zieger *Käsesorte*
Zizziwischperl *Scheide (vulgär)*
znaxt *kürzlich*
zöpfnen *Zöpfe drehen*
zottat *zottig, ungekämmt*
zotterten *zottigen*
zrugg *zurück*
zsamm *zusammen*
Zsammastand *Zusammenhalt*
zuagnaht *zugenäht*
zuawigschmissn *hingeschmissen*
zuawizackln *heranmachen*
Zummel *Milchbehälter aus Holz*
Zündafoir *Zündhölzer*
zwa *zwei*
zwagn *waschen, abwaschen*
Zwegn was *für was*
Zwen *die Zwei*
zwenig *zu wenig*
Zwetschgn *Zwetschken, Pflaumen*
zwoa *zwei*
zwoamoi *zweimal*
Zwoasiedler *Ehemann (scherzhaft)*
zwoate *zweite*

Mit Hilfe eines sangesfreudigen Publikums schafften Autor Martin Reiter (links) und Tourismusdirektor Markus Kofler (rechts) am 15. September 2003 im Tiroler Ort Reith im Alpbachtal mit 1.146 gesungenen Gstanzln in knapp 5 Stunden und 30 Minuten einen Weltrekord im „Gstanzlsingen".